Αθάνατο Φως

Σρι Μάτα Αμριτάνανταμαΐ

Αθάνατο Φως

Συμβουλές για Οικογενειάρχες

Mata Amritanandamayi Center, San Ramon
Καλιφόρνια, Ηνωμένες Πολιτείες

Αθάνατο Φως
Συμβουλές για Οικογενειάρχες

Εκδόθηκε από το:
Mata Amritanandamayi Center
P.O. Box 613, San Ramon, CA 94583
Ηνωμένες Πολιτείες

——————— *Immortal Light (Greek)* ———————

Σχετικές ιστοσελίδες στα ελληνικά:
www.amma-greece.org
http://ammahellas.wordpress.com/

Ιστοσελίδες στην Ινδία: www.amritapuri.org
Ηλεκτρονική Διεύθυνση: inform@amritapuri.org

Περιεχόμενα

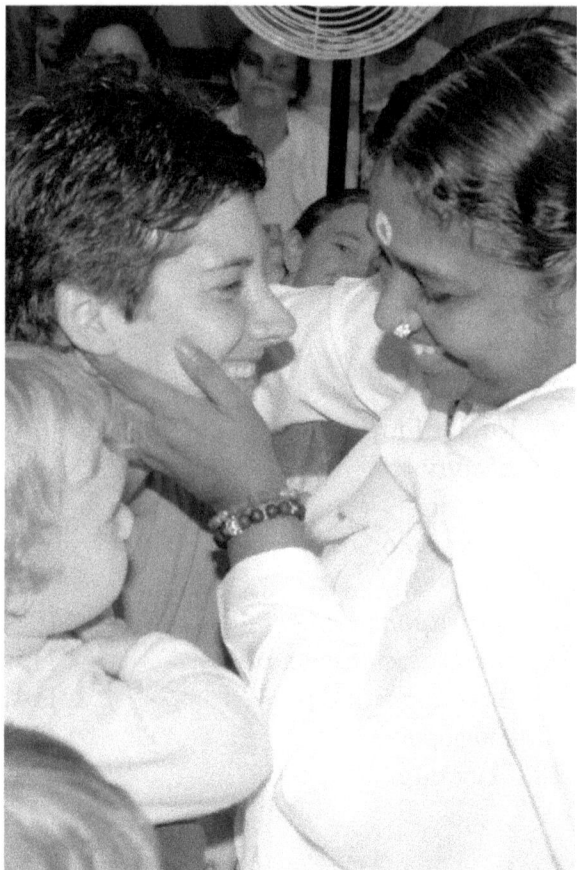

Προσευχήσου με ειλικρινή καρδιά:
Θεέ μου, βοήθησέ με να Σε θυμάμαι
συνεχώς, όλη τη μέρα.
Κάθε σκέψη, λόγος και πράξη μου
ας με φέρνουν πιο κοντά σε Σένα.
Βοήθησέ με να μην πληγώνω κανέναν
με σκέψη, λόγο ή πράξη.
Μείνε μαζί μου κάθε στιγμή.

– Άμμα

Πρόλογος

Υπάρχει μια αιώνια Αλήθεια που παραμένει αναλλοίωτη στο χρόνο. Η συνειδητοποίηση αυτής της Αλήθειας είναι ο σκοπός της ανθρώπινης ζωής. Κατά καιρούς, εμφανίζονται ανάμεσά μας μεγάλες ψυχές, που μας παίρνουν από το χέρι και μας οδηγούν σε αυτή την Αλήθεια. Εκτός από τη χάρη της παρουσίας τους, αυτές οι μεγάλες ψυχές μας μεταδίδουν το μήνυμα των γραφών με τρόπο που ταιριάζει στην εποχή και στον πολιτισμό που γεννιούνται.

Τα λόγια της Άμμα δείχνουν στους ανθρώπους της σημερινής εποχής, που πνίγονται στον ωκεανό της *σαμσάρα* (του κύκλου της γέννησης και του θανάτου), πώς να φτάσουν στην ακτή και να γευτούν το νέκταρ της αιώνιας ευδαιμονίας. Τα λόγια της είναι λαμπερό φως, που οδηγεί προς το φως του εσωτερικού Εαυτού όσους βαδίζουν ψάχνοντας μέσα στο σκοτάδι της υλιστικής ζωής.

Ας εξετάσουμε τον τρόπο ζωής μας: Όχι μόνο έχουμε ξεχάσει τον ύψιστο σκοπό της ζωής, αλλά έχουμε επιπλέον χάσει και τις προϋποθέσεις που απαιτούνται για να αποκτήσουμε αληθινή γνώση. Για να αφυπνιστεί η σημερινή κοινωνία που έχει απομακρυνθεί από την πνευματικότητα, είναι απαραίτητο να επαναπροσδιοριστούν οι κανόνες της οικογενειακής ζωής και να οριστούν κάποιες κατευθυντήριες γραμμές, οι οποίες θα οδηγήσουν στη συνειδητοποίηση της Υπέρτατης Αλήθειας.

Όσοι ζουν τη ζωή τους σύμφωνα με τις συμβουλές της Άμμα, δεν θα χρειαστεί να περιπλανηθούν πολύ ψάχνοντας την ευτυχία. Η ίδια η ευτυχία θα έρθει να τους συναντήσει. Η Άμμα, με στοργική σοφία, έχει δώσει στα παιδιά της απλούς κανόνες για μια ευτυχισμένη και γεμάτη νόημα οικογενειακή ζωή, στην οποία η πνευματική άσκηση, η υπηρεσία προς τους συνανθρώπους και η παράδοση στο θέλημα του Θεού σχηματίζουν ένα αρμονικό σύνολο.

Το λυχνάρι που η Άμμα ανάβει στον ιερό βωμό της καρδιάς μας, θα συνεχίσει να λάμπει και το φως του θα απλώνεται ολοένα και περισσότερο, αν κάθε μέρα προσθέτουμε σε αυτό το λάδι της πνευματικής άσκησης. Ας προσευχόμαστε στην Άμμα να μας βοηθά να παίξουμε το μικρό μας ρόλο, προκειμένου να επικρατήσει το φως σε αυτή την βυθισμένη στο σκοτάδι εποχή.

❧❦❧

Αγαπημένα μου παιδιά

Το σώμα δεν είναι αιώνιο. Μπορεί να πεθάνει ανά πάσα στιγμή. Γεννιόμαστε ως ανθρώπινα όντα έχοντας ζήσει προηγουμένως αμέτρητες άλλες ζωές. Αν σπαταλήσουμε αυτή την πολύτιμη ζωή ζώντας τελείως υλιστικά, μπορεί να κατεβούμε ξανά την κλίμακα της εξέλιξης και να γεννηθούμε ξανά ως ζώα, πριν επιτύχουμε μια ακόμη γέννηση ως άνθρωποι.

Στη σημερινή εποχή, ο νους των ανθρώπων είναι απασχολημένος με αναρίθμητες επιθυμίες. Αλλά, όσο σκληρά κι αν προσπαθούν οι άνθρωποι να ικανοποιήσουν αυτές τις επιθυμίες, στο τέλος δεν τα καταφέρνουν. Σπαταλούν το χρόνο τους θρηνώντας διαρκώς για αποτυχίες, με αποτέλεσμα να χάνουν την ηρεμία και την υγεία τους. Αυτό που χρειαζόμαστε είναι ένας γαλήνιος νους. Αυτός είναι ο μεγαλύτερος πλούτος.

Παιδιά μου, μη νομίζετε ότι θα επιτύχετε την εσωτερική γαλήνη μέσω του πλούτου. Μήπως ακόμη και εκείνοι που ζουν σε κλιματιζόμενα σπίτια δεν καταλήγουν να αυτοκτονούν μέσα σε αυτά; Στη Δύση υπάρχει μεγάλος υλικός πλούτος και ανέσεις όλων των ειδών. Όμως, ακόμα κι έτσι, οι άνθρωποι δεν βιώνουν ούτε μια στιγμή αληθινής γαλήνης. Η ευτυχία και η θλίψη εξαρτώνται από το νου μας, όχι από εξωτερικά αγαθά. Ο παράδεισος και η κόλαση βρίσκονται εδώ στη γη. Αν κατανοήσουμε τη θέση που πρέπει να έχει κάθε υλικό αντικείμενο στη ζωή μας και ζούμε ανάλογα, δεν θα υπάρχει λόγος για θλίψη. Η γνώση που μας διδάσκει πώς να ζούμε σε αυτή τη γη, πώς να ζούμε μια ικανοποιητική ζωή παρά τις δυσκολίες, είναι πνευματική γνώση – η γνώση του πώς να ελέγχουμε το νου μας. Αυτό είναι που χρειαζόμαστε πάνω από όλα. Αν έχουμε επίγνωση της καλής και της κακής πλευράς κάθε πράγματος, μπορούμε να διαλέξουμε το μονοπάτι που οδηγεί στην παντοτινή χαρά. Μόνο αν αγωνιστούμε για την Αυτοπραγμάτωση μπορούμε να απολαύσουμε την αιώνια ευδαιμονία.

Μη νομίζετε ότι οι αγαπημένοι σας θα παραμείνουν μαζί σας για πάντα. Στην καλύτερη περίπτωση θα είναι μαζί σας μέχρι τη στιγμή του θανάτου σας. Συνειδητοποιήστε ότι η ζωή δεν τελειώνει με το πέρασμα εξήντα ή ογδόντα χρόνων μέσα σε αυτό το σώμα. Έχετε πολλές ακόμη ζωές να ζήσετε. Όπως αποταμιεύετε χρήματα στην τράπεζα για τις υλικές ανάγκες της ζωής, έτσι θα πρέπει να συσσωρεύετε αιώνιο πλούτο, όσο είστε σε καλή φυσική και νοητική κατάσταση. Αυτό μπορείτε να το κάνετε επαναλαμβάνοντας το όνομα του Θεού και κάνοντας ενάρετες πράξεις.

Αν κάποιος κάνει εκατό καλά πράγματα και μόνο ένα λάθος, οι άνθρωποι θα τον καταφρονήσουν και θα τον απορρίψουν. Αν, όμως, κάποιος κάνει εκατό λάθη και μόνο ένα σωστό πράγμα, ο Θεός θα τον αγαπήσει και θα τον δεχτεί. Να στηρίζεστε, επομένως, μόνο στο Θεό. Να αφιερώνετε τα πάντα σε Εκείνον.

Όταν τα παιδιά μιας οικογένειας μεγαλώσουν, παντρευτούν και είναι ικανά να φροντίσουν τον εαυτό τους, οι γονείς θα πρέπει να ζουν αποκλειστικά για τη συνειδητοποίηση του Θεού, αφιερώνοντας τη ζωή τους σε ανιδιοτελή υπηρεσία και πνευματική άσκηση. Αν είναι δυνατόν, θα πρέπει να περνούν το υπόλοιπο της ζωής τους σε κάποιο άσραμ. Ούτε οι ίδιοι αλλά ούτε και τα μέλη της οικογένειάς τους δεν πρόκειται να ωφεληθούν, αν συνεχίσουν να ανησυχούν για τα ενήλικα παιδιά τους. Αντιθέτως, αν περνούν τις μέρες τους σε ειλικρινή πνευματική αναζήτηση, θα ευεργετηθούν πολλές γενιές της οικογένειας, προηγούμενες και μελλοντικές.

Παιδιά μου, να προσεύχεστε με στάση ολοκληρωτικής παράδοσης στο Θεό και να ζείτε με μοναδικό σκοπό να Τον γνωρίσετε. Αν ζητήσετε καταφύγιο σε Εκείνον, θα σας δοθεί ό,τι χρειάζεστε· δεν θα σας λείψει τίποτα. Αν πιάσετε φιλίες με τον υπεύθυνο της κουζίνας του παλατιού, μπορεί να σας δώσει μια κολοκύθα· αν, όμως, ευχαριστήσετε τον ίδιο το βασιλιά, όλοι οι θησαυροί του παλατιού θα είναι δικοί σας. Αν έχετε γάλα, μπορείτε να φτιάξετε γιαούρτι, ξινόγαλο και βούτυρο. Παρομοίως, αν καταφύγετε στο Θεό, Εκείνος θα φροντίσει και τις πνευματικές και τις υλικές σας ανάγκες. Η αφοσίωση σε Εκείνον θα φέρει ευημερία σε εσάς, στην οικογένειά σας και στην κοινωνία.

Παιδιά μου, πρέπει να υπάρχει τάξη και πειθαρχία στη ζωή. Μόνο τότε μπορούμε να βιώνουμε εσωτερική ευδαιμονία, αντί να εξαρτιόμαστε από εξωτερικά πράγματα. Αναλογιστείτε πόσο σκληρά εργάζονται οι

άνθρωποι για να περάσουν διάφορες εξετά-
σεις ή για να βρουν δουλειά. Πόσοι, όμως,
προσπαθούν πραγματικά να γνωρίσουν τον
εαυτό τους και να βιώσουν την παντοτινή
ευδαιμονία; Ας χρησιμοποιήσουμε τουλά-
χιστον για το σκοπό αυτό όσο χρόνο μας
απομένει από την επίγεια ύπαρξή μας. Να
επαναλαμβάνετε συνεχώς το μάντρα σας. Να
ασκείτε την πνευματική πρακτική σας καθη-
μερινά και σε σταθερή ώρα. Κατά καιρούς,
όταν οι περιστάσεις και ο χρόνος το επιτρέ-
πουν, να μένετε για μερικές μέρες σε κάποιο
άσραμ, για να διαλογίζεστε σε απομόνωση
και να επαναλαμβάνετε το μάντρα σας. Να
προσφέρετε όσο περισσότερη ανιδιοτελή
εργασία μπορείτε για το καλό του κόσμου.

Η ύπαρξη του κόσμου εξαρτάται από την
αγάπη. Αν εμείς χάσουμε την εσωτερική μας
αρμονία και την ικανότητά μας να αγαπάμε,
θα χαθεί επίσης και η αρμονία στη φύση· η
ατμόσφαιρα θα μολυνθεί και δεν θα είναι

δυνατόν να φυτρώνουν και να βλασταίνουν φυσιολογικά οι σπόροι και τα δέντρα, ούτε να αναπτύσσονται τα φυτά και τα ζώα. Οι σοδειές θα καταστρέφονται, οι ασθένειες θα πολλαπλασιάζονται, οι βροχοπτώσεις θα ελαττώνονται και θα επικρατήσει ξηρασία. Επομένως, παιδιά μου, να αγαπάτε ο ένας τον άλλο! Να είστε δίκαιοι, ενάρετοι, γεμάτοι αγάπη, για το καλό της φύσης. Μόνο έτσι θα επικρατήσει η αρμονία στη φύση. Να βλέπετε το καλό σε όλους. Μην τρέφετε θυμό και ζήλια για κανέναν και μη μιλάτε άσχημα σε κανέναν. Να θεωρείτε όλους τους ανθρώπους παιδιά της ίδιας Συμπαντικής Μητέρας και να τους αγαπάτε όλους σαν αδελφούς και αδελφές σας. Να προσφέρετε όλες τις πράξεις σας στο Θεό και να αφήνετε το θέλημα του Θεού να επικρατεί πάντοτε.

Αν κάποιος αμφισβητεί τον πνευματικό τρόπο ζωής σας, μπορείτε να του πείτε: «Όλοι οι άνθρωποι επιθυμούν να γευτούν τη γαλήνη και την ευτυχία. Έτσι δεν είναι; Εγώ έχω καταλάβει ότι μπορώ να κερδίσω τη γαλήνη και την ευτυχία ακολουθώντας το πνευματικό μονοπάτι. Γιατί, λοιπόν, απορείς για τις αξίες μου; Κι εσύ δεν αναζητάς παντού την ευτυχία; Σκέψου πόσα χρήματα ξοδεύεις σε πολυτέλειες, σε οινοπνευματώδη ποτά και σε πράγματα που δεν χρειάζεσαι πραγματικά. Γιατί, λοιπόν, παραξενεύεσαι που εγώ πηγαίνω σε άσραμ και ασχολούμαι με πνευματικά ζητήματα;» Βρείτε τη δύναμη να μιλάτε ανοιχτά, με αυτό τον τρόπο. Μην ντρέπεστε. Να έχετε θάρρος! Αφιερώστε τη ζωή σας στη διατήρηση της μεγάλης πνευματικής κληρονομιάς μας.

Δεν υπάρχει λόγος να αισθάνεστε ντροπή που ακολουθήσατε το πνευματικό μονοπάτι. Να είστε ειλικρινείς και να λέτε: «Διάλεξα αυτό το μονοπάτι για να βρω την πνευματική γαλήνη. Οι άνθρωποι, συνήθως, αναζητούν τη γαλήνη και την ευτυχία στην αγορά ενός σπιτιού, στο γάμο ή στα διάφορα επαγγέλματα. Εγώ βρίσκω γαλήνη και ευτυχία στο πνευματικό μονοπάτι. Ο στόχος μου είναι να βρω τη γαλήνη του νου και την ικανοποίηση εδώ, όχι στον ουρανό. Θέλω να βιώσω την απελευθέρωση τώρα, όχι μετά θάνατο. Ο δικός σου τρόπος ζωής, άραγε, σου εξασφαλίζει γαλήνη και ευτυχία;»

Παιδιά μου, όταν ανεβείτε σε ένα πλοίο ή σε ένα λεωφορείο, δεν χρειάζεται πια να συνεχίσετε να κουβαλάτε το φορτίο σας. Αφήστε τις αποσκευές σας κάτω. Παραδώστε τα όλα στο Θεό. Αν ζείτε τη ζωή σας με παράδοση, θα ελευθερωθείτε από τη θλίψη. Ο Θεός πάντοτε θα σας φροντίζει και θα σας προστατεύει.

— Άμμα

❧❦❧

Πνευματική ζωή

Όλοι πρέπει να φροντίζουμε να ξυπνάμε πριν τις πέντε το πρωί. Η ιδανική ώρα για πνευματικές πρακτικές, όπως ο διαλογισμός και οι απαγγελίες, είναι η μπράχμα μουχούρτα, δηλαδή η χρονική περίοδος ανάμεσα στις τρεις και στις έξι το πρωί. Την ώρα αυτή επικρατούν στη φύση σατβικές[1] (αγνές, γαλήνιες) ποιότητες, ο νους είναι καθαρός και το σώμα γεμάτο ενέργεια. Δεν είναι σε καμία περίπτωση σωστό να συνεχίσουμε να κοιμόμαστε μετά την ανατολή του ήλιου. Μην παραμένετε στο κρεβάτι αφότου ξυπνήσετε, γιατί αυτό αυξάνει την τεμπελιά και την αδράνεια. Όσοι δεν μπορούν άμεσα να ελαττώσουν τις ώρες του ύπνου, μπορούν να το κάνουν σταδιακά. Εκείνοι που ασκούνται πνευματικά δεν χρειάζονται πολύ ύπνο.

---

[1] Βλ. τον όρο σάτβα στο γλωσσάρι στο τέλος του βιβλίου.

ॐ

Όταν ξυπνάτε το πρωί να σηκώνεστε από
τη δεξιά πλευρά. Να φαντάζεστε ότι η αγα-
πημένη σας Θεότητα ή ο πνευματικός σας
Δάσκαλος στέκεται μπροστά σας και να
υποκλίνεστε στα πόδια του. Μετά καθίστε
στο κρεβάτι και διαλογιστείτε για τουλά-
χιστον πέντε λεπτά. Να προσεύχεστε με
ειλικρινή καρδιά: « Θεέ μου, βοήθησέ με
να Σε θυμάμαι συνεχώς όλη τη μέρα. Κάθε
σκέψη, κάθε λέξη και κάθε πράξη μου ας με
φέρνει πιο κοντά σε Σένα. Ας μην πληγώσω
κανέναν με σκέψεις, λόγια ή πράξεις. Μείνε
μαζί μου κάθε στιγμή.»

ॐ

Αφιερώστε τουλάχιστον μια ώρα την ημέρα
σε πνευματική άσκηση. Όταν όλοι έχουν
κάνει το μπάνιο τους το πρωί, τα μέλη της
οικογένειας θα πρέπει να κάθονται μαζί και

να λατρεύουν το Θεό. Μπορείτε να αρχίζετε την άρτσανα (απαγγελία των θείων ονομάτων) με διαλογισμό στον πνευματικό σας Δάσκαλο και με την απαγγελία των ύμνων που τον δοξάζουν. Μετά, απαγγείλετε τα 108 ή τα 1000 ονόματα της Θεϊκής Μητέρας ή της αγαπημένης σας Θεότητας. Μπορείτε, επίσης, να επαναλαμβάνετε το μάντρα σας, να διαλογίζεστε και να τραγουδάτε λατρευτικούς ύμνους.

ॐ

Όποιες κι αν είναι οι ασχολίες σας μετά την πρωινή σας πρακτική, να προσπαθείτε να κρατάτε πάντα ζωντανή τη σκέψη του Θεού. Όποτε κάθεστε ή σηκώνεστε, να υποκλίνεστε πρώτα μέχρι το έδαφος. Είναι καλό να καλλιεργείτε τη σκέψη ότι το στυλό σας, τα βιβλία σας, τα ρούχα σας, τα σκεύη και τα εργαλεία σας, είναι ποτισμένα από τη Θεϊκή Παρουσία και έτσι να τα χρησιμοποιείτε όλα με φροντίδα και σεβασμό. Να αγγίζετε κάθε αντικείμενο με ευλάβεια πριν το χρησιμοποιήσετε. Αυτό θα σας βοηθήσει να έχετε μια συνεχή ανάμνηση του Θεού. Καθώς οι άλλοι παρατηρούν τις πράξεις σας, θα εμπνευστούν να ακολουθήσουν αυτή την πρακτική.

ॐ

Όταν συναντούμε κάποιον θα πρέπει να τον χαιρετάμε με λόγια που να μας θυμίζουν το Θεό, όπως «Ομ Ναμά Σιβάγια», «Χάρι Όμ» ή «Τζέι Μα». Διδάξτε και τα παιδιά να κάνουν το ίδιο. Ομ Ναμά Σιβάγια σημαίνει «Υποκλίνομαι στην Ανώτερη Συνειδητότητα». Όταν σηκώνουμε τα χέρια μας για να πούμε αντίο, υποδηλώνουμε ότι πρόκειται να χωριστούμε, ενώ όταν ενώνουμε τις παλάμες μας και υποκλινόμαστε, οι καρδιές μας έρχονται πιο κοντά.

ॐ

Να χρησιμοποιείτε τον ελεύθερο χρόνο σας στο γραφείο ή αλλού, επαναλαμβάνοντας το μάντρα σας ή διαβάζοντας πνευματικά βιβλία. Να αποφεύγετε την ενασχόληση με περιττά κουτσομπολιά και να προσπαθείτε να συζητάτε για πνευματικά θέματα με τους άλλους. Μείνετε πάση θυσία μακριά από κακές συναναστροφές.

🕉

Όποιος ασκεί έλεγχο στη διατροφή του, διαλογίζεται και επαναλαμβάνει το μάντρα του συστηματικά, με το χρόνο θα βρει τη δύναμη να τηρήσει και την αγαμία. Κατά τη διάρκεια κάποιων φάσεων της πνευματικής άσκησης, οι έμφυτες τάσεις μπορεί να εκδηλωθούν έντονα και να προκαλέσουν την επανεμφάνιση εγκόσμιων επιθυμιών. Αν αυτό συμβεί, ζητήστε τη συμβουλή του πνευματικού σας Δασκάλου. Αναζητήστε καταφύγιο στο Θεό και μην φοβάστε. Κάντε απλά ό,τι καλύτερο μπορείτε και ασκείστε αυτοέλεγχο, στο μέτρο του δυνατού.

🕉

Μια καλή συνήθεια είναι να κρατάτε ημερολόγιο καθημερινά, κατά προτίμηση πριν πάτε για ύπνο. Στο ημερολόγιό σας μπορείτε να σημειώνετε πόσο χρόνο αφιερώνετε στην πνευματική σας άσκηση. Να γράφετε με τέτοιο τρόπο, που να σας βοηθά να συνειδητοποιείτε τα λάθη σας. Μετά, προσπαθήστε να μην τα επαναλάβετε. Στο ημερολόγιό σας δεν θα πρέπει να καταγράφετε απλά τα λάθη των άλλων ή τις καθημερινές σας δραστηριότητες.

🕉

Λίγο πριν πάτε για ύπνο το βράδυ, καθίστε στο κρεβάτι σας και διαλογιστείτε για πέντε τουλάχιστον λεπτά. Μετά υποκλιθείτε στην αγαπημένη σας Θεότητα ή στον πνευματικό σας Δάσκαλο. Όταν το κάνετε αυτό, μπορείτε να φαντάζεστε ότι κρατάτε σφιχτά τα πόδια της αγαπημένης σας Θεότητας. Προσευχηθείτε με όλη σας την καρδιά: «Θεέ μου, σε παρακαλώ συγχώρεσέ με για όλα τα λάθη που έκανα σήμερα, εν γνώσει ή εν αγνοία μου, και δώσε μου τη δύναμη να μην τα επαναλάβω.»

Μετά, φανταστείτε ότι είστε ξαπλωμένοι με το κεφάλι σας ακουμπισμένο στα πόδια της αγαπημένης σας Θεότητας ή του Δασκάλου, ή ότι η Θεότητα κάθεται δίπλα σας. Αποκοιμηθείτε σιγά-σιγά ενώ επαναλαμβάνετε νοερά το μάντρα σας. Με τον τρόπο αυτό, η επίγνωση του μάντρα θα παραμένει συνεχής κατά τη διάρκεια του ύπνου. Διδάξτε και τα παιδιά σας να αποκτήσουν αυτή τη συνήθεια. Πρέπει επίσης να μάθουν να ξυπνούν σε συγκεκριμένη ώρα.

ॐ

Είναι πολύ ευεργετικό να τηρείτε δύο ώρες σιωπή κάθε μέρα. Αν μπορείτε να τηρείτε σιωπή μια ολόκληρη μέρα την εβδομάδα, η πνευματική σας πρόοδος θα επιταχυνθεί πολύ. Ίσως αναρωτηθείτε: «Ο νους μου, όμως, δεν είναι απασχολημένος με αμέτρητες σκέψεις ακόμα κι όταν εξωτερικά είμαι σιωπηλός;» Σκεφτείτε το νερό που βρίσκεται σε μια δεξαμενή. Ακόμα κι αν υπάρχουν κύματα στην επιφάνειά του, το νερό δεν χάνεται. Παρομοίως, όταν σιωπάτε η απώλεια της ενέργειας είναι ελάχιστη, έστω κι αν οι σκέψεις συνεχίζουν να υπάρχουν στο νου. Με την ομιλία χάνουμε πολλή από τη ζωτική μας ενέργεια. Η διάρκεια ζωής του περιστεριού που γουργουρίζει συνέχεια είναι μικρή, ενώ η σιωπηλή χελώνα ζει πολλά χρόνια. Η απαγγελία των ονομάτων του Θεού δεν εμποδίζει την τήρηση της σιωπής. Η τήρηση της μόναμ (σιωπής) σημαίνει ότι

αποφεύγουμε όλες τις εγκόσμιες σκέψεις
και συζητήσεις.

ॐ

Ο πνευματικός αναζητητής δεν έχει χρόνο
να ασχολείται με κουτσομπολιά, ούτε έχει τη
διάθεση να μιλά σκληρά για οποιονδήποτε.
Αυτοί που διαρκώς αναζητούν τα λάθη των
άλλων, δεν θα προχωρήσουν ποτέ πνευμα-
τικά. Να μην βλάπτετε κανέναν, ούτε με
σκέψεις ούτε με λόγια ούτε με πράξεις. Να
έχετε συμπόνια για όλα τα όντα. Η αχίμσα
(ανεξικακία, μη-βία) είναι η υψηλότερη
μορφή του ντάρμα (αρετής, ηθικής συμπε-
ριφοράς).

ॐ

Να δείχνετε σεβασμό προς όλους τους μεγά-
λους Δασκάλους και όλους τους σαννυάσιν
(μοναχούς). Αν έρθουν στο σπίτι σας, να τους
υποδέχεστε με τον πρέποντα σεβασμό. Δεν

θα λάβετε τις ευλογίες τους μόνο μέσα από τις παραδοσιακές τελετουργίες, και σίγουρα όχι μέσα από τον στόμφο και την επίδειξη, αλλά μέσα από την ταπεινότητα, την πίστη και την αφοσίωσή σας.

ॐ

Μην δίνετε σημασία σε αυτούς που μιλάνε άσχημα για τους πνευματικούς Δασκάλους και τους μαχάτμα (μεγάλες ψυχές). Ποτέ να μην ακούτε και να μην συμμετέχετε σε υποτιμητικές συζητήσεις για οποιονδήποτε. Όταν τρέφετε αρνητικές σκέψεις για τους άλλους, ο νους σας χάνει την αγνότητά του.

ॐ

Να αφιερώνετε λίγο από τον ελεύθερο χρόνο σας καθημερινά στην ανάγνωση πνευμα-τικών βιβλίων, γιατί αυτό είναι ένα είδος σάτσανγκ (πνευματικής συναναστροφής). Να έχετε πάντα διαθέσιμο ένα βιβλίο με τις διδασκαλίες του Δασκάλου σας ή μια ιερή γραφή όπως η Μπαγκαβάτ Γκιτά, η Ραμαγιάνα, η Βίβλος ή το Κοράνι για καθημερινή μελέτη. Να αποστηθίζετε τουλάχιστον ένα στίχο την ημέρα. Θα πρέπει επίσης να διαβάζετε και άλλα πνευματικά βιβλία, όταν έχετε χρόνο. Η ανάγνωση των βιογραφιών και των διδασκαλιών των μεγάλων Δασκάλων θα ενδυναμώνει το πνεύμα της μη-προσκόλλησης σε υλικά πράγματα και θα σας βοηθά να κατανοείτε εύκολα τις πνευματικές αρχές. Είναι, επίσης, καλή συνήθεια να κρατάτε σημειώσεις όταν διαβάζετε ένα βιβλίο ή όταν ακούτε πνευματικές ομιλίες. Αργότερα, οι σημειώσεις σας θα σας βοηθήσουν πολύ.

ॐ

Παιδιά μου, να προσεύχεστε για την ευτυχία όλων των όντων. Να προσεύχεστε στο Θεό να ευλογεί αυτούς που προσπαθούν να σας πληγώσουν και να Τον παρακαλείτε να τους αλλάξει προς το καλύτερο. Είναι δύσκολο να κοιμηθείς γαλήνια αν υπάρχει ένας κλέφτης στη γειτονιά σου. Όταν προσεύχεστε για την ευτυχία των άλλων, εσείς πρώτα απ' όλους εξασφαλίζετε έναν γαλήνιο νου. Να απαγγέλετε κάθε μέρα το μάντρα Ομ λοκά σαμαστά σουκινό μπαβαντού (ας είναι όλα τα όντα, σε όλους τους κόσμους, ευτυχισμένα) για την ειρήνη του κόσμου.

ॐ

Η ζωή σας πρέπει να είναι βαθιά ριζωμένη στην αλήθεια. Αποφύγετε τα ψέματα. Σε αυτή την Κάλι γιούγκα (σκοτεινή εποχή), η προσήλωση στην αλήθεια είναι η σπουδαιότερη άσκηση. Ίσως χρειάζεται να λέτε ένα ψέμα πότε-πότε για να προστατέψετε κάπδιον ή για να διατηρήσετε το ντάρμα, αλλά προσέξτε να μην λέτε ποτέ ψέματα για εγωιστικούς σκοπούς.

ॐ

Η καρδιά σας είναι ένα ιερό και εκεί πρέπει να εγκατασταθεί ο Θεός. Οι καλές σκέψεις είναι τα λουλούδια που προσφέρετε στο Θεό. Οι καλές πράξεις είναι η λατρεία, οι ευγενικές λέξεις είναι οι ύμνοι και η αγάπη είναι η ιερή προσφορά.

ॐ

Δεν αρκεί να κάθεστε με κλειστά τα μάτια και να διαλογίζεστε. Να εκτελείτε όλες σας τις πράξεις σαν μια μορφή λατρείας. Θα πρέπει να μπορείτε να νιώθετε την παρουσία του Θεού παντού. Αυτό είναι αληθινός διαλογισμός.

ॐ

Να χρησιμοποιείτε το ραδιόφωνο, την τηλεόραση και τις ταινίες με σύνεση. Να ακούτε και να παρακολουθείτε μόνο προγράμματα που εμπλουτίζουν τις γνώσεις και την καλλιέργειά σας για τον πολιτισμό. Η τηλεόραση είναι τελε-βίσαμ (βίσαμ σημαίνει δηλητήριο στα Μαλαγιάλαμ). Αν δεν είμαστε προσεκτικοί, θα καταστρέψει τον πολιτισμό μας. Θα σπαταλάμε το χρόνο μας και θα κάνουμε, επίσης, κακό στην όρασή μας.

ॐ

Αυτό που χρειάζονται οι άνθρωποι είναι ένας γαλήνιος νους. Αυτό μπορεί να επιτευχθεί μόνο αν θέσουμε το νου κάτω από τον έλεγχό μας.

ॐ

Πρέπει να συγχωρούμε και να ξεχνάμε τα λάθη των άλλων. Ο θυμός είναι εχθρός κάθε πνευματικού αναζητητή. Προκαλεί απώλεια ενέργειας από όλους τους πόρους του σώματος. Κάθε φορά που ο νους μπαίνει στον πειρασμό να θυμώσει, πρέπει να τον συγκρατούμε και με σταθερή απόφαση να λέμε στον εαυτό μας «Όχι!». Είναι καλό, σε τέτοιες περιπτώσεις, να πηγαίνουμε σε ένα ήσυχο μέρος και να επαναλαμβάνουμε το μάντρα μας. Με αυτόν τον τρόπο ο νους θα ησυχάζει από μόνος του.

ॐ

Όσοι δεν είναι παντρεμένοι πρέπει να διατηρούν τη ζωτική τους ενέργεια εφαρμόζοντας σεξουαλική εγκράτεια. Για να μεταμορφώσετε την ενέργεια που εξοικονομείτε με αυτό τον τρόπο σε ότζας (λεπτοφυής μορφή ζωτικής ενέργειας), πρέπει να κάνετε πνευματική άσκηση. Με την αύξηση της ενέργειας αυτής θα αυξηθεί επίσης η νοημοσύνη, η μνήμη, η υγεία και η ομορφιά σας και επιπλέον θα βιώνετε σταθερή ευτυχία.

ॐ

Η πρόοδος είναι αδύνατη χωρίς πειθαρχία. Τα έθνη, οι οργανισμοί, οι οικογένειες ή τα άτομα μπορούν να προοδεύσουν μόνο δίνοντας προσοχή στα λόγια εκείνων που αξίζουν σεβασμό και υπακούοντας τους κατάλληλους νόμους και κανόνες. Η υπακοή δεν είναι αδυναμία. Η υπακοή και η ταπεινότητα οδηγούν στην πειθαρχία.

ॐ

Ο σπόρος πρέπει να μπει βαθιά μέσα στη γη για να εξελιχθεί σε φυτό. Έτσι κι εμείς, μόνο μέσα από τη σεμνότητα και την ταπεινότητα μπορούμε να αναπτυχθούμε. Η υπερηφάνεια και η αλαζονεία καταστρέφουν. Να είστε στοργικοί και να έχετε συμπόνια, υιοθετώντας μια στάση υπηρεσίας προς όλους. Τότε, ολόκληρο το σύμπαν θα υποκλιθεί μπροστά σας.

ॐ

Τι νόημα έχει η ζωή αν δεν μπορούμε να αφιερώσουμε στο Θεό ούτε μια ώρα από τις εικοσιτέσσερις ώρες της ημέρας; Σκεφτείτε πόσες ώρες περνάμε παρακολουθώντας τηλεόραση, διαβάζοντας εφημερίδα ή κάνοντας διάφορα ανούσια πράγματα! Παιδιά μου, σίγουρα μπορείτε να αφιερώσετε μια ώρα την ημέρα στην πνευματική σας άσκηση, αν το θέλετε πραγματικά. Αν δεν μπορείτε να βρείτε ελεύθερη μια ολόκληρη συνεχόμενη ώρα, αφιερώστε τουλάχιστον μισή ώρα το πρωί και άλλη μισή το βράδυ.

ॐ

Ο διαλογισμός αυξάνει τη ζωτικότητά σας και ενισχύει τη νοημοσύνη σας. Η ομορφιά, η διαύγεια του νου και η υγεία σας βελτιώνονται επίσης. Αποκτάτε την υπομονή και τη δύναμη να αντιμετωπίζετε οποιοδήποτε πρόβλημα παρουσιάζεται στη ζωή σας. Να διαλογίζεστε, λοιπόν! Μόνο μέσω του διαλογισμού θα βρείτε το θησαυρό που αναζητάτε.

ॐ

Η καθημερινή πρακτική της σούρυα ναμασκάρα (του χαιρετισμού προς τον ήλιο) και άλλων ασκήσεων γιόγκα είναι πολύ χρήσιμη για την υγεία και την πνευματική σας πρόοδο. Η έλλειψη της σωστής άσκησης είναι η αιτία πολλών ασθενειών της σημερινής εποχής. Όποτε είναι δυνατό, να περπατάτε αντί να μετακινείστε με λεωφορείο ή αυτοκίνητο. Το περπάτημα είναι μια καλή άσκηση, μόνο για μακρινές αποστάσεις θα πρέπει να χρησιμοποιείτε μεταφορικά μέσα. Το ποδήλατο είναι, επίσης, μια καλή λύση. Έτσι θα εξοικονομείτε και χρήματα.

ॐ

Παιδιά μου, να πηγαίνετε πότε-πότε σε ορφανοτροφεία, νοσοκομεία και πτωχοκομεία.

Να επισκέπτεστε μαζί με την οικογένειά σας φτωχούς, άρρωστους και δυστυχισμένους ανθρώπους. Να τους προσφέρετε βοήθεια και να φροντίζετε για την ευημερία τους. Μια λέξη που λέγεται με αγάπη και ενδιαφέρον θα δώσει σε αυτούς που υποφέρουν περισσότερη ανακούφιση από οποιοδήποτε ποσό χρημάτων και θα ανοίξει, επίσης, και τη δική σας καρδιά.

ॐ

Προσπαθήστε να περνάτε τουλάχιστον δύο-τρεις ημέρες το μήνα σε κάποιο άσραμ. Και μόνο που θα αναπνέετε τον αέρα σε ένα τέτοιο μέρος, το σώμα και ο νους σας θα δυναμώνουν και θα εξαγνίζονται. Θα επαναφορτίζονται οι μπαταρίες σας τόσο, που θα επιθυμείτε να επαναλαμβάνετε το μάντρα σας και να διαλογίζεστε ακόμα και όταν επιστρέφετε στο σπίτι.

ॐ

Η αγάπη θα πρέπει να είναι το θεμέλιο όλων των εθίμων και όλων των τελετουργικών. Οι πράξεις που δεν γίνονται με τη σωστή στάση είναι άχρηστες. Το καθετί πρέπει να γίνεται με ταπεινότητα, αφοσίωση και αγνά κίνητρα. Για να αναπτύξετε αληθινή πειθαρχία πρέπει να είστε ταπεινοί και υπάκουοι. Η ταπεινότητα και η υπακοή είναι τόσο σημαντικές όσο το λιπαντικό σε μια μηχανή. Αν βάλουμε μια μηχανή σε λειτουργία χωρίς λιπαντικό, θα την καταστρέψουμε.

❦

Άρτσανα

Η απαγγελία των Θεϊκών Ονομάτων

Το πρωί, αφού όλοι έχουν κάνει το μπάνιο τους, η οικογένεια θα πρέπει να κάθεται μαζί και να απαγγέλλει την άρτσανα. Αν είναι αδύνατο να απαγγέλουν τα θεϊκά ονόματα όλοι μαζί, είναι αρκετό να τα απαγγέλει καθένας μόνος του. Αν οι περιστάσεις δεν επιτρέπουν να κάνετε μπάνιο, τουλάχιστον πλύνετε τα χέρια και το πρόσωπό σας. Αλλά ποτέ μην διακόψετε την καθημερινή πρακτική της άρτσανα.

ॐ

Μερικές γυναίκες έχουν περισσότερες αρνητικές σκέψεις κατά τη διάρκεια της περιόδου τους. Είναι, επομένως, ακόμα πιο απαραίτητο να επαναλαμβάνουν το μάντρα τους αυτές τις μέρες. Στην Ινδία, σύμφωνα με την παράδοση, οι γυναίκες δεν παίρνουν μέρος στην ομαδική λατρεία κατά τη διάρκεια των εμμήνων. Μπορούν να κάθονται χωριστά και να επαναλαμβάνουν το μάντρα τους ή να απαγγέλλουν τα Θεϊκά Ονόματα ατομικά. Υπάρχουν άνθρωποι που πιστεύουν ότι οι γυναίκες δεν θα έπρεπε να απαγγέλλουν τα χίλια ονόματα της Θεϊκής Μητέρας (Λαλίτα Σαχασρανάμα) κατά τη διάρκεια αυτής της περιόδου, αλλά η Άμμα μπορεί να σας διαβεβαιώσει ότι δεν είναι λάθος για καμιά γυναίκα αν το κάνει. Η Θεϊκή Μητέρα ενδιαφέρεται μόνο για τη γλώσσα της καρδιάς.

ॐ

Αν είναι δυνατόν, κανείς στο σπίτι δεν θα πρέπει να κοιμάται κατά τη διάρκεια της απαγγελίας. Αν νιώθετε ότι νυστάζετε την ώρα της λατρείας, σηκωθείτε όρθιοι και συνεχίστε. Μην ξεχνάτε ότι η αγαπημένη σας Θεότητα είναι παρούσα σε λεπτοφυή μορφή όταν εκτελείται η άρτσανα. Δεν είναι σωστό να φεύγετε ούτε να μιλάτε για άλλα θέματα κατά τη διάρκεια της απαγγελίας.

༅

Είναι καλό να τοποθετείτε μια εικόνα της αγαπημένης σας Θεότητας μπροστά σας κατά τη διάρκεια της άρτσανα. Διαλογιστείτε για πέντε λεπτά πριν αρχίσετε την λατρεία. Οραματιστείτε την αγαπημένη σας Θεότητα καθαρά από την κορυφή μέχρι τα πόδια και ξανά από τα πόδια μέχρι την κορυφή. Μπορείτε να φαντάζεστε ότι η Θεότητα αναδύεται μέσα από το λουλούδι του λωτού της καρδιάς σας και ότι έρχεται να καθίσει σε ένα ειδικό κάθισμα τοποθετημένο μπροστά σας. Καθώς απαγγέλλετε κάθε μάντρα, να φαντάζεστε ότι προσφέρετε λουλούδια στα ιερά πόδια της Θεότητας. Οραματιστείτε ένα δέντρο σε πλήρη άνθιση μέσα στην καρδιά σας, και φανταστείτε ότι μαζεύετε λευκά λουλούδια από αυτό το δέντρο και τα προσφέρετε στη Θεότητα. Αν δεν υπάρχουν πέταλα αληθινών λουλουδιών διαθέσιμα, μπορείτε να κάνετε την άρτσανα με αυτά τα νοητικά πέταλα από την καρδιά. Αυτά τα λουλούδια, που προσφέρονται με αφοσίωση, είναι τα πιο προσφιλή στο Θεό. Τα λουλούδια της καρδιάς είναι η ταπεινότητά, η αφοσίωση και η προθυμία μας να παραδοθούμε στο Θέλημα του Θεού.

ॐ

Αυτά που πρέπει να προσφέρουμε στο Θεό, είναι τα πράγματα στα οποία έχουμε τη μεγαλύτερη προσκόλληση και εκείνα που είναι περισσότερο πολύτιμα σε εμάς. Μια μητέρα, άλλωστε, δεν δίνει στα παιδιά της μόνο το καλύτερο;

ॐ

Αν κάνετε απλές ασκήσεις πραναγιάμα (ανα-
πνευστικές ασκήσεις) πριν την άρτσανα είναι
πιο εύκολο να συγκεντρωθείτε. Καθίστε με
την πλάτη ίσια, κλείστε το δεξί σας ρουθούνι
και εισπνεύστε από το αριστερό. Μετά, κλεί-
στε το αριστερό ρουθούνι και εκπνεύστε από
το δεξί. Στη συνέχεια, εισπνεύστε από το δεξί
και εκπνεύστε από το αριστερό. Αυτός είναι
ένας γύρος πραναγιάμα. Μπορείτε να κάνετε
τρεις γύρους. Ενώ εισπνέετε φανταστείτε
ότι γεμίζετε με αρετές, ενώ εκπνέετε φαντα-
στείτε ότι όλες οι ανεπιθύμητες ιδιότητες,
οι κακές σκέψεις και τα αρνητικά βασάνα
(έμφυτες αρνητικές τάσεις) φεύγουν από
πάνω σας με τη μορφή σκοταδιού.

ॐ

Κατά τη διάρκεια της άρτσανα, αντί για λου-
λούδια μπορείτε να χρησιμοποιείτε ακσάτα
– ολόκληρους κόκκους σιταριού, αναποφλοί-
ωτο ρύζι πλυμένο και στεγνωμένο και λίγη

σκόνη κουρκουμά. Μετά την τελετή, μπορείτε να πάρετε αυτά τα τρόφιμα και να τα μαγειρέψετε με ρύζι ή με άλλα δημητριακά.

ॐ

Όταν κάνετε άρτσανα ομαδικά, ένα άτομο μπορεί να απαγγέλει τα μάντρα και τα υπόλοιπα να τα επαναλαμβάνουν. Να ψάλλετε κάθε μάντρα αργά, καθαρά και με αφοσίωση. Στην αρχή, ίσως δεν μπορούν όλοι να επαναλαμβάνουν σωστά κάθε μάντρα του Λαλίτα Σαχασρανάμα. Σε αυτή την περίπτωση, μπορούν απλά να αποκρίνονται με ένα μόνο μάντρα μετά από κάθε όνομα. Στην απαγγελία του Λαλίτα Σαχασρανάμα, η απόκριση μπορεί να είναι Ομ Παρασακτιέ Ναμαχά[2].

ॐ

---

[2] Κατά την απαγγελία των 108 ονομάτων της Άμμα, η απόκριση μπορεί να είναι Ομ Αμριτεσβαριέ Ναμαχά.

Μετά το τέλος της άρτσανα μην σηκώνεστε αμέσως. Φέρτε πίσω νοερά την αγαπημένη σας Θεότητα από το κάθισμα που βρίσκεται μπροστά σας, και εγκαταστήστε την ξανά μέσα στην καρδιά σας. Οραματιστείτε την καθισμένη στην καρδιά σας και διαλογιστείτε για λίγο. Είναι καλό να τραγουδήσετε δυο τρία κίρταν (λατρευτικούς ύμνους) αν μπορείτε. Όταν γίνεται μια ένεση σε έναν ασθενή, συνήθως του ζητείται να ηρεμήσει λίγα λεπτά για να απλωθεί το φάρμακο σε όλο του το σώμα. Με τον ίδιο τρόπο, για να έχετε την πλήρη ωφέλεια από τα μάντρα που απαγγείλατε, πρέπει να κρατήσετε το νου σας ήρεμο για λίγο αφού τελειώσει η απαγγελία.

ॐ

Στο τέλος της άρτσανα υποκλιθείτε μπροστά στη Θεότητα. Μετά σηκωθείτε παραμένοντας στο ίδιο μέρος και γυρίστε τρεις φορές γύρω από τον εαυτό σας με τη φορά των δεικτών του ρολογιού. Υποκλιθείτε ξανά και μετά καθίστε και διαλογιστείτε για λίγο. Τα πέταλα των λουλουδιών που χρησιμοποιήθηκαν στην τελετή της άρτσανα μπορείτε να τα αφήσετε στις ρίζες ενός βασιλικού ή κάποιου άλλου ιερού φυτού, να τα ρίξετε σε κάποιο ποτάμι ή να τα θάψετε στον κήπο, σε σημείο όπου αποκλείεται να πατηθούν.

ॐ

Αν απαγγέλετε τα χίλια ονόματα της Θεϊκής Μητέρας με αφοσίωση κάθε μέρα, θα προοδεύσετε πνευματικά. Σε μια οικογένεια που απαγγέλει το Λαλίτα Σαχασρανάμα με αφοσίωση, δεν θα λείψει ποτέ η τροφή, η ένδυση ή οτιδήποτε άλλο από τα απαραίτητα της ζωής.

ॐ

Κάθε όνομα που απαγγέλλετε κατά τη διάρκεια της άρτσανα να θεωρείτε ότι ανήκει στην αγαπημένη σας Θεότητα. Φανταστείτε ότι Εκείνος ή Εκείνη είναι ο Ένας που εμφανίζεται με όλες τις διαφορετικές μορφές. Αν η αγαπημένη σας Θεότητα είναι ο Κρίσνα, τότε κατά τη διάρκεια της απαγγελίας των ονομάτων της Θεϊκής Μητέρας να φαντάζεστε ότι ο Κρίσνα έρχεται μπροστά σας με τη μορφή της Ντέβι. Μη νομίζετε ότι δυσαρεστείτε τον Κρίσνα αν απαγγέλετε τα ονόματα της Θεϊκής Μητέρας. Αυτές οι διαφορές υπάρχουν μόνο για εσάς, όχι για το Θεό.

❧✦❧

Μάντρα Τζάπα

Η επανάληψη ενός μάντρα

Σε αυτή την σκοτεινή εποχή του υλισμού, η συνεχής επανάληψη ενός μάντρα είναι ο ευκολότερος τρόπος για να επιτύχετε εσωτερικό εξαγνισμό και συγκέντρωση. Μπορείτε να επαναλαμβάνετε το μάντρα σας οποιαδήποτε ώρα, σε οποιοδήποτε μέρος, χωρίς να χρειάζεται να εφαρμόζετε ειδικούς κανόνες σχετικά με την αγνότητα του σώματος ή του νου. Η πρακτική αυτή μπορεί να γίνεται κατά τη διάρκεια οποιασδήποτε εργασίας.

ॐ

Η μάντρα τζάπα και ο διαλογισμός πρέπει να γίνονται κάθε μέρα, χωρίς παράλειψη. Μόνο με την τακτική επανάληψη του μάντρα θα υπάρξει ωφέλεια. Ένας αγρότης δεν θα έχει σοδειά απλά διαβάζοντας βιβλία σχετικά με τη γεωργία. Πρέπει να μετουσιώσει τη γνώση σε πράξη. Μόνο με την εργασία θα εξασφαλίσει τη σοδειά του.

ॐ

Αν πάρετε την απόφαση να απαγγέλλετε το μάντρα σας για έναν συγκεκριμένο αριθμό επαναλήψεων καθημερινά, η συνήθεια θα ενισχυθεί. Βοηθάει πολύ, επίσης, η χρησιμοποίηση μάλα (κομποσκοινιού). Το μάλα μπορεί να αποτελείται από 108, 54, 27, ή 18 χάντρες από ρουντράκσα, τουλάσι, σανταλόξυλο, κρυστάλλους ή πολύτιμους λίθους, με μια κύρια χάντρα που λέγεται μέρου. Πάρτε την απόφαση να επαναλαμβάνετε το μάντρα ένα συγκεκριμένο αριθμό φορών κάθε μέρα. Προσπαθήστε να το απαγγέλετε νοητικά κάθε στιγμή, όταν δεν κοιμάστε, ακόμα και τις ώρες που εργάζεστε ή ταξιδεύετε. Συνίσταται πάντα να παίρνετε μάντρα από έναν σατγκούρου (φωτισμένο πνευματικό

Δάσκαλο). Μέχρι τότε, μπορείτε να χρησιμοποιείτε ένα από τα μάντρα της αγαπημένης σας Θεότητας, για παράδειγμα Ομ Ναμά Σιβάγια, Ομ Ναμό Ναραγιανάγια, Χάρε Ράμα Χάρε Ράμα Ράμα Ράμα Χάρε Χάρε, Χάρι Ομ, Ομ Παρασκακτιέ Ναμαχά, ή το όνομα του Χριστού, του Αλλάχ ή του Βούδα.

ॐ

Προσπαθήστε να μην διακόπτετε την επανάληψη ούτε για ένα λεπτό, ανεξάρτητα από το τι κάνετε. Στην αρχή μπορεί να είναι δύσκολο να το επαναλαμβάνετε νοερά. Γι' αυτό, μπορείτε να το επαναλαμβάνετε ήρεμα, σχηματίζοντάς το συνεχώς με τα χείλη σας (σαν ένα ψάρι που πίνει νερό). Αν το απαγγέλλετε συνεχώς, δεν θα ασχολείστε με άχρηστες κουβέντες κατά τη διάρκεια της εργασίας σας και ο νους σας θα είναι πάντα γαλήνιος. Οι ασθένειες της σύγχρονης εποχής είναι κατά το μεγαλύτερο μέρος ψυχοσωματικές.

Η μάντρα τζάπα θα διατηρήσει υγιή το νου και το σώμα σας.

ॐ

Αν είναι αδύνατο να επαναλαμβάνετε το μάντρα σας ενώ κάνετε κάποια συγκεκριμένη εργασία, τότε προσευχηθείτε πριν αρχίσετε: «Κύριε, σε παρακαλώ ευλόγησέ με ώστε να κάνω αυτή την εργασία με τρόπο που να σε ευχαριστήσει.» Όταν η εργασία σας ολοκληρωθεί, προσευχηθείτε ξανά στο Θεό, ζητώντας του να σας συγχωρήσει για οποιοδήποτε λάθος έχετε ενδεχομένως κάνει.

ॐ

Αν τύχαινε να χάσετε τα χρήματά σας ενώ ταξιδεύετε, σκεφτείτε με τι αγωνία θα τα αναζητούσατε. Κατά τον ίδιο τρόπο, θα πρέπει να αγωνιάτε αν δεν μπορέσετε να απαγγείλετε το μάντρα σας έστω και για ένα λεπτό. Θα πρέπει να λυπάστε και να

προσεύχεστε: «Κύριε, έχασα τόσο χρόνο!».
Αν νιώθετε αυτή την αίσθηση της επείγου-
σας ανάγκης και της αγωνίας, θα μπορείτε
να αναπληρώνετε το χρόνο που έχετε χάσει.

ॐ

Μια καλή πρακτική είναι να γράφετε καθη-
μερινά τουλάχιστον μια σελίδα με το μάντρα
σας. Πολλοί άνθρωποι συγκεντρώνονται
καλύτερα γράφοντας παρά απαγγέλλοντας.
Προσπαθήστε να διδάξετε και στα παιδιά τη
συνήθεια να απαγγέλλουν και να γράφουν
με καθαρά γράμματα ένα μάντρα. Αυτό
θα τα βοηθήσει, επίσης, να βελτιώσουν τη
γραφή τους. Το τετράδιο μέσα στο οποίο
είναι γραμμένο το μάντρα δεν θα πρέπει να
αφήνεται εδώ κι εκεί, αλλά να φυλάσσεται
προσεκτικά στο δωμάτιο της προσευχής ή
του διαλογισμού.

Ο ναός

Ο ναός είναι ένα μέρος όπου η ανάμνηση του Θεού αναζωπυρώνεται, τουλάχιστον για λίγο, ακόμα και σε εκείνους που όλο τον υπόλοιπο χρόνο είναι βυθισμένοι στα εγκόσμια. Δεν πρέπει, όμως, να παραμείνουμε προσκολλημένοι στις ιεροτελεστίες μέχρι το τέλος της ζωής μας. Δεν αρκεί απλά να πηγαίνουμε στο ναό. Πρέπει να προσπαθούμε να προσηλώνουμε το νου μας στο Θεό όλη την ημέρα και να έχουμε μια σταθερή ώρα για μάντρα τζάπα και διαλογισμό. Αν δεν εγκαταστήσουμε το Θεό σταθερά μέσα στην καρδιά μας, ακόμα και μια ολόκληρη ζωή λατρείας στο ναό δεν θα μας ωφελήσει.

ॐ

Όταν επισκέπτεστε ένα ναό ή έναν πνευματικό Δάσκαλο, μην πηγαίνετε με άδεια χέρια. Να προσφέρετε κάτι ως σύμβολο της αφοσίωσής σας, έστω και ένα λουλούδι.

ॐ

Υπάρχει μεγάλη διαφορά ανάμεσα στην προσφορά μιας αγορασμένης γιρλάντας λουλουδιών και μιας γιρλάντας που φτιάξατε με λουλούδια μαζεμένα από τον κήπο σας. Όταν φυτεύετε λουλούδια για αυτόν το σκοπό, όταν τα ποτίζετε, όταν τα μαζεύετε και φτιάχνετε την γιρλάντα για να την πάτε στο ναό, σκέπτεστε μόνο το Θεό. Ο Θεός δέχεται ό,τι του προσφέρετε με αγάπη. Όταν αγοράζουμε μια γιρλάντα και την προσφέρουμε σε μια Θεότητα, αυτό είναι μια τελετουργική πράξη. Αντίθετα, μια χειροποίητη γιρλάντα είναι μια προσφορά αγνής αγάπης και αφοσίωσης.

ॐ

Όταν πηγαίνετε στο ναό, μην βιάζεστε να πάρετε ντάρσαν (να δείτε τη Θεότητα και να λάβετε την ευλογία της). Μην αφήνετε απλά την προσφορά σας και βιάζεστε να γυρίσετε στο σπίτι. Πρέπει να σταθείτε εκεί ήσυχα και υπομονετικά για λίγη ώρα, και να προσπαθείτε να οραματιστείτε την αγαπημένη σας Θεότητα μέσα στην καρδιά σας. Αν είναι δυνατόν, καθίστε και διαλογιστείτε. Σε κάθε βήμα, να θυμάστε να επαναλαμβάνετε το μάντρα σας.

Η Άμμα δεν ισχυρίζεται ότι η λατρεία και οι προσφορές είναι περιττά πράγματα – σας λέει μόνο, ότι απ' όλα όσα μπορείτε να δώσετε στο Θεό, αυτό που Εκείνος εκτιμά περισσότερο είναι η προσφορά της καρδιάς σας.

ॐ

Η προσφορά δίνεται στο ναό ή τοποθετείται στα πόδια του πνευματικού Δασκάλου, όχι επειδή ο Θεός ή ο Δάσκαλος χρειάζονται πλούτη ή οτιδήποτε άλλο. Η πραγματική προσφορά είναι η παράδοση του νου και της διάνοιας του πιστού. Πώς γίνεται αυτό; Δεν μπορείτε φυσικά να προσφέρετε τον ίδιο το νου σας, μπορείτε μόνο να προσφέρετε αυτό στο οποίο ο νους σας είναι προσκολλημένος. Στη σημερινή εποχή, ο νους σας μπορεί να έχει μεγάλη προσκόλληση στα χρήματα ή σε άλλα εγκόσμια αντικείμενα. Παραδίδοντας αυτά στο Θεό, Του προσφέρετε συγχρόνως και την καρδιά σας. Αυτή είναι η αρχή που υπάρχει πίσω από τη φιλανθρωπία.

ॐ

Υπάρχουν άνθρωποι που πιστεύουν ότι ο Θεός Σίβα βρίσκεται μόνο στο Βαρανάσι και ότι ο Κρίσνα κατοικεί μόνο στο Βριντάβαν. Να μην σκέφτεστε ότι ο Θεός περιορίζεται στους τέσσερις τοίχους ενός ναού ή σε κάποιο συγκεκριμένο μέρος. Ο Θεός είναι πανταχού παρών και παντοδύναμος. Μπορεί να πάρει οποιαδήποτε μορφή θελήσει. Πρέπει να μπορείτε να βλέπετε την αγαπημένη σας Θεότητα παντού. Πραγματική αφοσίωση σημαίνει να αντιλαμβάνεστε τη Θεότητα, όχι μόνο στο ναό, αλλά και σε κάθε ζωντανό πλάσμα και να υπηρετείτε τους πάντες ανάλογα. Αν η αγαπημένη σας Θεότητα είναι ο Κρίσνα, θα πρέπει να μπορείτε να βλέπετε τον Κρίσνα παντού, σε κάθε ναό, είτε αυτός είναι ναός του Σίβα, είτε της Θεϊκής Μητέρας. Παιδιά μου, μην φοβάστε ότι ο Σίβα θα θυμώσει αν δεν τον λατρεύετε σε ένα ναό του Σίβα ή ότι η Θεϊκή Μητέρα θα σας αρνηθεί τις ευλογίες της αν δεν την υμνείτε σε ένα δικό Της ναό. Το ίδιο πρόσωπο ονομάζεται «σύζυγος» από τη σύζυγό του, «πατέρας» από το παιδί του και «αδελφός» από την αδελφή του. Ίσως αναρωτιέστε: «Θα ανταποκριθεί ο Κέσαβα αν τον αποκαλέσουμε Μάνταβα[3];» Εδώ, όμως, δεν απευθύνεστε σε έναν κοινό θνητό, αλλά στον παντογνώστη Κύριο. Ένα πρόσωπο δεν αλλάζει αν το προσφωνήσετε με διαφορετικά ονόματα. Κατά τον ίδιο τρόπο, όλα τα θεϊκά ονόματα αναφέρονται στο ίδιο Υπέρτατο Ον. Εκείνος γνωρίζει τον νου σας. Γνωρίζει ότι τον καλείτε, οποιοδήποτε όνομα και αν χρησιμοποιήσετε.

ॐ

Μπορεί να πάτε στο ναό, να περπατήσετε με σεβασμό γύρω-γύρω από το ιερό και να αφήσετε την προσφορά σας στο κουτί των δωρεών. Αν όμως, καθώς βγαίνετε, κοιτάξετε βλοσυρά τον ζητιάνο στην πόρτα, πού είναι η αφοσίωσή σας; Η συμπόνια για τους φτωχούς είναι το καθήκον μας προς τον Θεό. Η Άμμα δεν λέει ότι θα πρέπει οπωσδήποτε να

---

[3]   Κέσαβα και Μάνταβα είναι δύο από τα πολυάριθμα ονόματα του Κρίσνα.

δίνετε χρήματα σε κάθε επαίτη που κάθεται μπροστά σε ένα ναό, αλλά μην περιφρονείτε κανέναν. Προσευχηθείτε για αυτούς. Όποτε νιώθετε αποστροφή για κάποιον, ο νους σας χάνει την αγνότητά του. Να αγαπάτε όλους το ίδιο – αυτό είναι ο Θεός.

ॐ

Οι θρησκευτικές γιορτές πραγματοποιούνται για την πνευματική και την πολιτιστική αφύπνιση των ανθρώπων. Στην εποχή μας, ο τρόπος με τον οποίο γίνονται σπάνια υπηρετεί αυτόν τον σκοπό. Οι γιορτές στους ναούς θα πρέπει να καλλιεργούν την πνευματικότητα και να κάνουν την ατμόσφαιρα να δονείται από την απαγγελία των θεϊκών ονομάτων. Όταν μπαίνουμε στο ναό θα πρέπει να βάζουμε τέλος σε όλες τις άχρηστες συζητήσεις, για να συγκεντρώνεται ο νους μας μονάχα στο Θεό. Όσοι έχουν οικογένεια, έχουν την ευθύνη να κάνουν τα πάντα για να αποκατασταθεί η ιερότητα στους ναούς. Όσοι ενδιαφέρονται πραγματικά για την πνευματική τους κληρονομιά, θα πρέπει να συνεργάζονται στενά με τα συμβούλια των ναών για να διορθωθεί η σημερινή, αξιοθρήνητη κατάσταση.

ॐ

Πολλοί ιερείς και άλλοι απασχολούμενοι στους ναούς, είναι μισθωτοί. Ποτέ, όμως, να μην κρίνετε ολόκληρη τη θρησκεία με αφορμή τις αδυναμίες αυτών των ανθρώπων. Είναι ευθύνη μας να δημιουργούμε την σωστή ατμόσφαιρα, έτσι ώστε κανείς να μην μπαίνει στον πειρασμό να ασχολείται με τις λανθασμένες συμπεριφορές. Εκείνοι που προσφέρουν ανιδιοτελή υπηρεσία, αφιερώνοντας τη ζωή τους στο στόχο της επίτευξης της ενότητας με το Θεό, είναι οι πραγματικοί φάροι φωτός που καθοδηγούν

και τους υπόλοιπους στο δρόμο της θρη-
σκείας.

ॐ

Οι άνθρωποι είναι αυτοί που ενσταλάζουν
δύναμη στα αγάλματα και τις εικόνες του
ναού. Αν ένας άνθρωπος δεν σκαλίσει την
πέτρα, αυτή δεν γίνεται άγαλμα. Αν κάποιος
δεν εγκαταστήσει το άγαλμα στο ναό, αυτό
δεν θα καθαγιαστεί. Αν οι άνθρωποι δεν λα-
τρεύουν το άγαλμα, αυτό δεν θα αποκτήσει
δύναμη. Χωρίς την ανθρώπινη προσπάθεια,
δεν θα υπήρχαν ναοί. Αλλά ένα άγαλμα που
εγκαταστάθηκε στο ναό από έναν αληθινό
πνευματικό Δάσκαλο, ενωμένο με το Θεό
και επομένως ίσο με το Θεό, έχει μια πολύ
ιδιαίτερη δύναμη.

ॐ

Στα αρχαία χρόνια δεν υπήρχαν ναοί. Υπήρχε
μόνο η γραμμή της διαδοχής των γκούρου

(πνευματικών Δασκάλων) και των μαθητών τους. Η λατρεία στο ναό είναι κατάλληλη για τους κοινούς ανθρώπους. Για παράδειγμα, διδάσκουμε τα τυφλά παιδιά χρησιμοποιώντας τη μέθοδο Μπράιγ. Μπορεί κάποιος να αναρωτηθεί: Γιατί το κάνουμε αυτό; Γιατί δεν τα διδάσκουμε όπως τα άλλα παιδιά; Αυτό θα ήταν αδύνατο, διότι όσοι δεν βλέπουν πρέπει να διδαχτούν με τον τρόπο που είναι ο πιο κατάλληλος για αυτούς. Παρομοίως, οι άνθρωποι της εποχής μας χρειάζεται να ασκούν τη λατρεία τους στους ναούς, για να μπορούν να εστιάζουν το νου τους στο Θεό.

ॐ

Δεν χρειάζεται να χτίζετε καινούργιους ψηλούς τρούλους για να αποκαθίσταται η ιερότητα ενός ναού. Ο στόχος πρέπει να είναι η τακτική συμμετοχή στη λατρεία σύμφωνα με την παράδοση, η συμμετοχή σε

σάτσανγκ (πνευματικές ομιλίες), λατρευτι-
κούς ύμνους κλπ. Η πίστη και η αφοσίωση
του ανθρώπου και όχι οι ιεροτελεστίες,
είναι που φορτίζουν την ατμόσφαιρα του
ναού με πνευματική ενέργεια. Να το θυ-
μάστε πάντα αυτό, όταν συμμετέχετε στις
δραστηριότητες του ναού.

❦

Ο πνευματικός Δάσκαλος

Τα άσραμ και τα γκουρούκουλα (πνευματικά σχολεία) είναι οι κολώνες του πνευματικού μας πολιτισμού. Αν ασκούμαστε πνευματικά σύμφωνα με τις συμβουλές ενός σατγκούρου, τότε δεν χρειάζεται να πάμε πουθενά αλλού. Θα πάρουμε ό,τι χρειαζόμαστε από τον Δάσκαλο.

ॐ

Η πνευματικότητά μας θα αναπτυχθεί μόνο αν αναγνωρίζουμε τον πνευματικό μας Δάσκαλο ως θεία εκδήλωση. Δεν θα πρέπει να δεχόμαστε κάποιον ως πνευματικό μας Δάσκαλο, αν δεν είμαστε απόλυτα σίγουροι ότι αυτός είναι αυθεντικός και ειλικρινής. Όταν όμως διαλέξουμε κάποιον, πρέπει να παραδοθούμε πλήρως σε αυτόν. Μόνο τότε θα είναι δυνατή η πνευματική πρόοδος.

Αφοσίωση σε έναν Δάσκαλο σημαίνει παράδοση στο θέλημά του.

ॐ

Με εξαίρεση κάποιους σπάνιους ανθρώπους που γεννιούνται με πολύ δυνατές πνευματικές τάσεις, καλλιεργημένες στις προηγούμενες ζωές τους, η συνειδητοποίηση του Εαυτού δεν είναι δυνατή για κανέναν χωρίς τη χάρη ενός αληθινού Δασκάλου. Να σκέφτεστε τον Δάσκαλο ως εκδήλωση του Θεού σε αυτό τον κόσμο. Να θεωρείτε διαταγή κάθε του λέξη και να τον υπακούτε ανεπιφύλακτα. Αυτή είναι η αληθινή υπηρεσία προς το Δάσκαλο και η υψηλότερη μορφή πνευματικής πειθαρχίας. Οι ευλογίες του Δασκάλου θα ρέουν αυθόρμητα προς τον υπάκουο μαθητή.

ॐ

Ο πραγματικός Δάσκαλος δεν περιορίζεται στο σώμα. Όταν αγαπάτε τον Δάσκαλο χωρίς εγωισμό, θα μπορείτε να τον βλέπετε όχι μόνο στο σώμα του, αλλά παντού στον κόσμο, σε κάθε ζωντανή ύπαρξη και σε κάθε άψυχο αντικείμενο. Μάθετε να βλέπετε όλους τους ανθρώπους ως ζωντανές μορφές του Δασκάλου και να τους υπηρετείτε ανάλογα.

ॐ

Το άσραμ είναι το σώμα της Άμμα. Όποτε προσφέρετε υπηρεσία στο άσραμ, την προσφέρετε στην Άμμα. Το άσραμ δεν είναι προσωπική περιουσία κανενός. Είναι ένα μέσον για να μεταδίδεται ειρήνη και αρμονία σε όλο τον κόσμο.

ॐ

Όσοι παίρνουν μάντρα από την Άμμα θα πρέπει να ζουν πειθαρχημένη και σεμνή ζωή, να εγκαταλείπουν τις κακές συνήθειες όπως το κάπνισμα και το ποτό, να τηρούν σεξουαλική εγκράτεια μέχρι να παντρευτούν και να ακολουθούν τις συμβουλές της Άμμα. Παιδιά μου, πρέπει να εμπιστεύεστε τα πάντα στον πνευματικό σας Δάσκαλο. Μην κρατάτε μυστικά από αυτόν. Ο μαθητής πρέπει να αισθάνεται με τον Δάσκαλό του την ίδια σύνδεση που νιώθει ένα παιδί με την μητέρα του. Μόνο τότε θα προοδεύσει πνευματικά.

ॐ

Η Άμμα νιώθει όλους τους ανθρώπους σαν δικά της παιδιά. Στα μάτια της, κανένα ελάττωμα των παιδιών της δεν είναι σοβαρό. Όμως, καθώς η Άμμα θεωρείται ότι είναι γκούρου, είναι βασικό για την πρόοδο των μαθητών να συμπεριφέρονται σωστά. Η Άμμα θα συγχωρήσει όλα τα λάθη των παιδιών της. Υπάρχουν, όμως, ορισμένοι νόμοι της φύσης, όπως για παράδειγμα οι καρμικοί νόμοι, που επιφέρουν την τιμωρία των ανθρώπων για τα αμαρτήματά τους. Να διατηρείτε την πεποίθηση ότι κάθε εμπειρία θλίψης και πόνου είναι ωφέλιμη για την πνευματική σας ανάπτυξη.

❧❧❧

Υπηρεσία

Να απλοποιείτε τις ανάγκες της ζωής σας και όσα χρήματα εξοικονομείτε να τα δίνετε σε φιλανθρωπίες. Είναι καλό να συμβάλλετε σε φιλανθρωπικές δράσεις. Μπορείτε, για παράδειγμα, να κάνετε μια δωρεά χρημάτων για την έκδοση πνευματικών βιβλίων. Έτσι, τα βιβλία θα πωλούνται φθηνότερα και οι άνθρωποι που δεν έχουν πολλά χρήματα θα μπορούν να τα αγοράσουν. Με τον τρόπο αυτό, βοηθάμε να καλλιεργηθούν πνευματικές αξίες στην ανθρωπότητα.

🕉

Προσπαθήστε να αφιερώνετε τουλάχιστον μια ώρα την ημέρα για να προσφέρετε κάποιου είδους υπηρεσία στους άλλους. Όπως ακριβώς το φαγητό που τρώμε τρέφει το σώμα, έτσι και η προσφορά ανιδιοτελούς υπηρεσίας τρέφει την ψυχή. Αν δεν έχετε χρόνο για να το κάνετε αυτό καθημερινά, εξοικονομήστε τουλάχιστον λίγες ώρες κάθε βδομάδα για να κάνετε κάτι καλό για τους άλλους.

ॐ

Δεν είναι καλό να δίνετε χρήματα στους επαίτες. Καλύτερα δώστε τους τροφή και ρούχα. Ίσως να κάνουν κακή χρήση των χρημάτων που τους δίνετε και να αγοράσουν αλκοόλ ή ναρκωτικά. Μην τους δίνετε την ευκαιρία να σφάλλουν. Προσπαθήστε να τους βλέπετε όχι ως ζητιάνους, αλλά ως το Θεό. Να ευχαριστείτε το Θεό που σας δίνει την ευκαιρία να τον υπηρετείτε με αυτόν τον τρόπο.

Είναι προτιμότερο να μη δώσετε καθόλου φαγητό σε έναν επαίτη, παρά να του δώσετε χαλασμένο φαγητό σε βρώμικο πιάτο. Ποτέ να μην δίνετε κάτι με περιφρόνηση. Τα λόγια και οι πράξεις αγάπης είναι η πολυτιμότερη ελεημοσύνη.

ॐ

Ο εορτασμός σημαντικών γεγονότων της ζωής – όπως τα βαφτίσια, η πρώτη λήψη στερεής τροφής (ινδικό έθιμο), η έναρξη της εκπαίδευσης του παιδιού, ο γάμος κ.λπ – είναι πάντα ευοίωνος. Σε αυτές τις περιπτώσεις, είναι καλό να μοιράζετε τροφή και ρουχισμό στους φτωχούς. Τα έξοδα ενός γάμου πρέπει να περιορίζονται στο ελάχιστο απαραίτητο. Τα χρήματα που εξοικονομούνται μπορούν να καλύψουν τα έξοδα του γάμου ενός φτωχού κοριτσιού ή της εκπαίδευσης ενός παιδιού.

ॐ

Η απάρνηση πρέπει να γίνει μέρος της ζωής μας. Αν έχετε συνηθίσει να αγοράζετε δέκα φορεσιές κάθε χρόνο, αγοράστε μια λιγότερη φέτος και δυο λιγότερες του χρόνου. Σταδιακά θα ελαττώσετε τη γκαρνταρόμπα σας σε

αυτά που πραγματικά χρειάζεστε. Τα χρήμα-
τα που εξοικονομούνται με τον τρόπο αυτό
από δέκα ανθρώπους, θα είναι αρκετά για
να χτιστεί ένα σπίτι για έναν ανάπηρο ή για
ένα φτωχό άνθρωπο (στην Ινδία). Αυτό με τη
σειρά του, ίσως ενθαρρύνει τον αποδέκτη της
φιλανθρωπίας να στραφεί στην πνευματικό-
τητα. Άλλοι άνθρωποι θα αλλάξουν, επίσης,
όταν παρατηρήσουν την ανιδιοτέλεια και τον
ενάρετο τρόπο της ζωής σας. Περιορίστε τις
πολυτέλειες, όχι μόνο στην ένδυση, αλλά
και σε όλα τα άλλα και χρησιμοποιήστε τα
χρήματα που εξοικονομείτε με αυτόν τον
τρόπο για φιλανθρωπικούς σκοπούς.

ॐ

Βάζετε στην άκρη ένα μέρος του εισοδήμα-
τός σας και χρησιμοποιήστε το για να βοη-
θήσετε τους άλλους. Αν δεν είναι δυνατόν
να δίνετε τα χρήματα κατευθείαν σε αυτούς
που τα χρειάζονται, μπορείτε να τα δίνετε

σε κάποιο άσραμ ή σε πνευματικές οργα-
νώσεις που ασχολούνται με φιλανθρωπικές
δραστηριότητες. Μπορείτε, για παράδειγμα,
να διαθέσετε αντίτυπα από μια πνευματική
έκδοση σε δημόσιες βιβλιοθήκες, βιβλιοθή-
κες σχολείων και κολεγίων. Η ανιδιοτέλεια
και η συμπόνια σας, όχι μόνο θα βοηθήσουν
τους άλλους, αλλά και θα διευρύνουν το νου
σας. Αυτός που κόβει ένα λουλούδι για να το
προσφέρει, είναι ο πρώτος που απολαμβάνει
την ομορφιά και το άρωμά του. Παρομοίως,
οι ανιδιοτελείς μας πράξεις θα συντελέσουν
στην αφύπνιση του Πνεύματος μέσα μας.
Και η αναπνοή μας ακόμη, αν είναι εμποτι-
σμένη με καλές σκέψεις, θα ευεργετεί τους
συνανθρώπους μας και την ίδια τη Φύση.

ॐ

Όταν προσφέρετε υπηρεσία στον κόσμο
ανιδιοτελώς, υπηρετείτε την ίδια την Άμμα.

ॐ

Κάρμα Γιόγκα

Το μονοπάτι της δράσης

Όσο υψηλή κι αν είναι η θέση σας στη ζωή, πάντα να σκέφτεστε ότι είστε απλά ένας υπηρέτης των συνανθρώπων σας. Να θεωρείτε την προνομιακή θέση που σας έδωσε ο Θεός ως μια ευκαιρία για να βοηθάτε αυτούς που έχουν ανάγκη. Η ταπεινότητα και η σεμνότητα θα αναδύονται τότε αυθόρμητα από την καρδιά σας. Όταν εργάζεστε με την πεποίθηση ότι υπηρετείτε το Θεό, τότε η εργασία σας γίνεται πνευματική άσκηση. Να είστε φιλικοί και στοργικοί με όλους στο χώρο της εργασίας σας, τόσο με τους προϊστάμενους όσο και με τους υφιστάμενους. Ο τρόπος με τον οποίον αντιμετωπίζετε τους άλλους, καθορίζει τον τρόπο με τον οποίον ο κόσμος θα αντιμετωπίσει εσάς.

ॐ

Όταν ένας προϊστάμενος σας κάνει μια παρατήρηση, να το θεωρείτε ως μια ευκαιρία που σας παρέχει ο Θεός για να σας βοηθήσει να περιορίσετε το εγώ σας και να αποβάλετε τα εχθρικά συναισθήματα που ίσως εμφανίζονται μέσα σας. Παρομοίως, όταν χρειαστεί να αντιμετωπίσετε αυστηρά έναν υφιστάμενο, φροντίστε να μην αφήσετε θυμό ή εμπάθεια να εκδηλωθούν μέσα σας. Στα μάτια ενός πνευματικού αναζητητή, οι προϊστάμενοι, οι υφιστάμενοι και οι συνάδελφοι είναι όλοι διαφορετικές μορφές του Θεού.

ॐ

Ποτέ να μην σκέφτεστε ότι απλά εργάζεστε για το αφεντικό σας ή για μια εταιρία. Να κάνετε το καθήκον σας με την πεποίθηση ότι υπηρετείτε το Θεό. Τότε, η εργασία σας δεν θα είναι απλά ένα μέσο βιοπορισμού· θα είστε ειλικρινείς και προσεκτικοί στην εκτέλεση των καθηκόντων σας. Η πρώτη αρετή που ένας πνευματικός αναζητητής πρέπει να καλλιεργήσει, είναι η τέλεια σράντα[4] (ολοκληρωτική αφοσίωση και πλήρης προσοχή στην εργασία που εκτελείται).

ॐ

Πρέπει πάντοτε να είμαστε πρόθυμοι να κάνουμε περισσότερη εργασία από αυτήν που ορίζουν οι κανόνες. Μόνο αυτή η επιπρόσθετη εργασία, που γίνεται χωρίς επιθυμία για έπαινο ή ανταμοιβή, μπορεί να χαρακτηριστεί ως ανιδιοτελής εργασία.

ॐ

Αν έχετε την εικόνα της αγαπημένης σας Θεότητας ή του πνευματικού σας Δασκάλου σε

---

[4]   Η λέξη σράντα στα σανσκριτικά σημαίνει πίστη ριζωμένη στην σοφία και στην εμπειρία, ενώ ο ίδιος όρος στα Μαλαγιάλαμ σημαίνει επίγνωση σε κάθε πράξη. Η Άμμα συχνά χρησιμοποιεί τον όρο με την δεύτερη έννοια.

εμφανές σημείο στο χώρο της εργασίας σας, αυτό θα σας βοηθά πολύ να κρατάτε το νου σας προσηλωμένο στο Θεό. Δεν πρέπει να ντρέπεστε γι' αυτό. Το καλό σας παράδειγμα θα εμπνεύσει κι άλλους.

ॐ

Σκέψεις όπως: «Είμαι σπουδαίος άνθρωπος. Πώς μπορεί κάποιος όπως εγώ, που έχει μια τόσο σημαντική θέση στην κοινωνία, να πηγαίνει στο ναό και να προσκυνά ανάμεσα σε όλα αυτά τα πλήθη που σπρώχνονται; Δεν είναι υποτιμητικό;» προέρχονται από το εγώ. Αν η κοινωνία μάς δώσει ένα πιστοποιητικό που να δηλώνει πόσο σπουδαίοι είμαστε, δεν κερδίζουμε τίποτα. Αυτό που χρειαζόμαστε είναι ένα πιστοποιητικό από το Θεό.

ॐ

Με συνεχή προσπάθεια, θα μπορούμε να επαναλαμβάνουμε νοερά το μάντρα μας κάνοντας οποιοδήποτε είδος εργασίας. Μόνο οι πράξεις που γίνονται με αυτήν την ενθύμηση του Θεού, ή οι πράξεις που προσφέρονται στο Θεό, μπορούν να θεωρηθούν πραγματική κάρμα γιόγκα. Η εργασία που κάνουμε με την πεποίθηση ότι ο Θεός την εκτελεί μέσα από εμάς, δεν δημιουργεί προσκόλληση. Όπου κι αν είμαστε, ας επαναλαμβάνουμε πάντοτε το θείο όνομα και ας τιμούμε το Θεό και τον πνευματικό μας Δάσκαλο.

Σάτσανγκ

Ιερή συναναστροφή

Αν, αντί να σπαταλάτε τον χρόνο σας κουτσομπολεύοντας ή βλέποντας ταινίες, πηγαίνετε όλοι μαζί σε ένα ναό ή σε ένα άσραμ για σάτσανγκ και λατρευτικούς ύμνους, θα ωφελείτε όχι μόνο τον εαυτό σας, αλλά και το περιβάλλον σας. Εναλλακτικά, μπορείτε να κάθεστε μόνοι και να διαλογίζεστε ή να τραγουδάτε ύμνους. Μην διστάζετε να προσκαλείτε φίλους και συνεργάτες όταν κάνετε σάτσανγκ.

ॐ

Καλλιεργείστε τη συνήθεια να συγκεντρώνεστε με άλλους πιστούς μια φορά την εβδομάδα για άρτσανα, μπάτζαν (λατρευτικά τραγούδια) και διαλογισμό, είτε σε ένα καθορισμένο μέρος είτε εναλλάξ σε διάφορα σπίτια. Αν προσφέρετε λίγα φρούτα και γλυκά ως πρασάντ (ευλογημένες προσφορές), θα ενδιαφέρονται και τα παιδιά να παρακολουθούν αυτές τις συγκεντρώσεις. Η πνευματική καλλιέργεια που θα αποκτήσουν στην παιδική τους ηλικία, θα τα ακολουθεί σε όλη τους τη ζωή. Όσοι παίρνουν μέρος στο σάτσανγκ μπορούν, επίσης, μετά να γευματίζουν μαζί. Αυτό θα δυναμώνει την αίσθηση ότι ανήκετε σε μια πνευματική οικογένεια. Η λατρεία και η απαγγελία της άρτσανα θα ελαχιστοποιούν κάθε βλάβη που μπορεί να επέλθει από αρνητικές πλανητικές επιρροές και θα εξαγνίζουν την ατμόσφαιρα. Η συμμετοχή σε σάτσανγκ θα γεμίζει το νου σας με θεϊκές σκέψεις.

Η οικία

Αφήστε το Θεό να γίνει μέρος κάθε πλευράς της ζωής σας. Όσοι δεν μπορούν να χτίσουν ένα ξεχωριστό δωμάτιο για λατρεία, μπορούν τουλάχιστον να καθορίσουν έναν χώρο για την απαγγελία του μάντρα, τον διαλογισμό και την πνευματική μελέτη. Αυτός ο χώρος θα πρέπει να χρησιμοποιείται μόνο για πνευματική άσκηση. Ο Θεός δεν πρέπει να υποβιβάζεται σε έναν στενό χώρο κάτω από τη σκάλα. Εμείς πρέπει να ζούμε ως υπηρέτες του Θεού και ποτέ να μην βάζουμε το Θεό στη θέση του υπηρέτη.

ॐ

Το ηλιοβασίλεμα πρέπει να ανάβουμε ένα καντήλι με καθαρό βούτυρο ή οποιοδήποτε φυτικό έλαιο. Όλοι στο σπίτι πρέπει να συγκεντρώνονται μπροστά στη φλόγα, να τραγουδούν ύμνους και να διαλογίζονται. Δεν χρειάζεται να προσπαθείτε να εξαναγκάσετε κάποιον να συμμετέχει. Μην στεναχωριέστε αν κάποιος αρνηθεί να πάρει μέρος. Τον παλιό καιρό στη Ινδία, ήταν κοινή συνήθεια σε κάθε νοικοκυριό να προσεύχονται όλοι μαζί το ηλιοβασίλεμα. Στις μέρες μας, αυτή η συνήθεια είναι εκτός μόδας και υποφέρουμε από τις συνέπειες της αμέλειάς μας. Όταν συναντιέται η μέρα με τη νύχτα η ατμόσφαιρα είναι μολυσμένη. Αν διαλογιζόμαστε και τραγουδάμε ύμνους κάθε δειλινό, ο νους μας θα συγκεντρώνεται και αυτό θα εξαγνίζει και το νου και την ατμόσφαιρα. Αντίθετα, αν αυτή την ώρα ασχολούμαστε με παιχνίδια, διασκέδαση και επιπόλαιες συζητήσεις, οι εγκόσμιες δονήσεις θα μολύνουν το νου μας ακόμα περισσότερο.

ॐ

Πάντοτε πρέπει να προσπαθούμε να καλλιεργούμε ένα όραμα ενότητας παρά διαχωρισμού. Δεν χρειάζεται να βάζουμε τίποτα άλλο στο δωμάτιο του διαλογισμού εκτός από τις εικόνες των αγαπημένων Θεοτήτων και του πνευματικού Δασκάλου της οικογένειας. Το δωμάτιο πρέπει να καθαρίζεται κάθε μέρα και οι εικόνες να ξεσκονίζονται. Μερικοί άνθρωποι τοποθετούν στους τοίχους ειδικές εικόνες θεοτήτων τις γιορτινές μέρες, όπως στα γενέθλια του Κρίσνα ή στο Σιβαράτρι. Αυτό είναι σωστό. Το γάλα είναι γνωστό με διαφορετικά ονόματα σε διαφορετικές γλώσσες. Όποιο κι αν είναι το όνομα, η γεύση και το χρώμα είναι τα ίδια – πρόκειται για την ίδια ουσία. Υπάρχει μονάχα ένας Θεός, παρόλο που είναι γνωστός με πολλά ονόματα.

ॐ

Είναι καλό να κρεμάτε μια εικόνα του πνευματικού σας Δασκάλου ή της αγαπημένης σας Θεότητας σε ορατό μέρος σε κάθε δωμάτιο. Το καθημερινό ξεσκόνισμα των εικόνων θα δυναμώνει την σράντα (προσοχή, επίγνωση) και την αφοσίωσή σας.

ॐ

Τα παλιά χρόνια, κάθε σπίτι στην Ινδία είχε ένα ιερό φυτό τουλάσι φυτεμένο σε ένα ειδικό μέρος. Οι άνθρωποι συνήθιζαν, επίσης, να καλλιεργούν αρωματικά φυτά για την καθημερινή λατρεία. Στις μέρες μας, αυτά έχουν αντικατασταθεί από διακοσμητικά φυτά και κάκτους. Αυτό αντικατοπτρίζει μια αλλαγή στην εσωτερική διάθεση των ανθρώπων. Το φυτό τουλάσι και το δέντρο μπίλβα θεωρούνται ιερά και πιστεύεται ότι φέρνουν ευημερία εκεί όπου οι άνθρωποι τα φροντίζουν και τα σέβονται. Πρέπει να ποτίζονται καθημερινά και όποτε φεύγουμε από το σπίτι ή επιστρέφουμε σε αυτό να τους προσφέρουμε τον χαιρετισμό μας. Πολύ παλιά, οι άνθρωποι, όταν ξυπνούσαν το πρωί, συνήθιζαν να αγγίζουν τη Μητέρα Γη με σεβασμό πριν ακουμπήσουν τα πόδια τους στο έδαφος. Συνήθιζαν να υποκλίνονται στον ανατέλλοντα ήλιο, ως ενσάρκωση της Θεότητας και δότη της ζωής. Αντιλαμβάνονταν την ουσία του Θεού στο καθετί. Εξαιτίας αυτής της στάσης ήταν ήρεμοι, χαρούμενοι και υγιείς.

ॐ

Το φυτό τουλάσι και πολλά από τα αρωματικά φυτά που χρησιμοποιούνται στις τελετουργίες έχουν θεραπευτικές ιδιότητες. Όταν καλλιεργούνται κοντά στο σπίτι εξαγνίζουν την ατμόσφαιρα. Όσοι έχουν αρκετό χώρο γύρω από το σπίτι τους, μπορούν να φτιάξουν έναν μικρό ανθόκηπο. Πάντοτε να επαναλαμβάνετε το μάντρα σας όταν ασχολείστε με τον κήπο. Γνωρίζοντας ότι τα λουλούδια προορίζονται για τη λατρεία, ο νους σας θα προσηλώνεται ευκολότερα στο Θεό.

ॐ

Όλα τα νοικοκυριά θα πρέπει να χρησιμο-
ποιούν ένα μέρος της γης τους για να καλλι-
εργούν δέντρα και φυτά. Αυτό θα εξαγνίζει
το περιβάλλον και θα διατηρεί την αρμονία
της φύσης. Τον παλιό καιρό, κάθε σπίτι είχε
ένα περιβόλι και μια λιμνούλα μέσα στη γη
του. Αυτό ωφελούσε όλους όσους έμεναν
στη γύρω περιοχή.

ॐ

Το καλό όνομα ενός σπιτιού δεν προέρχεται
μόνο από την εξωτερική του όψη, αλλά και
από την καθαριότητα. Να φροντίζετε καθη-
μερινά το σπίτι και τον περίγυρό του ώστε
να είναι πεντακάθαρα. Μην έχετε τη νοοτρο-
πία ότι είναι καθήκον μόνο των γυναικών ή
ενός συγκεκριμένου προσώπου. Όλοι στην
οικογένεια πρέπει να συνεργάζονται για να
κρατούν το σπίτι καθαρό. Τα παραδοσιακά

έθιμα, όπως το να μην μπαίνει κανείς στο σπίτι με τα παπούτσια, και να υπάρχει νερό έξω από την πόρτα, ώστε όλοι να πλένουν τα πόδια τους πριν μπουν, βοηθούν να καλλιεργείται μια αίσθηση πνευματικού σεβασμού προς το σπίτι.

ॐ

Να συμπεριφέρεστε στους οικιακούς βοηθούς με ευπρέπεια. Μην πληγώνετε την αυτοεκτίμησή τους και μην τους δίνετε να τρώνε τα αποφάγια. Πρέπει να τους αντιμετωπίζετε ως αδελφούς και αδελφές σας.

ॐ

Να θεωρείτε την κουζίνα χώρο προσευχής. Να την διατηρείτε καθαρή και τακτοποιημένη. Το πρωί, πάντοτε να κάνετε ένα μπάνιο προτού αρχίσετε να μαγειρεύετε. Να επαναλαμβάνετε το μάντρα σας ενώ προετοιμάζετε το φαγητό, ως μια προσφορά στο

Θεό και να φαντάζεστε ότι Εκείνος δέχεται την ουσία του φαγητού προτού το σερβίρετε στο τραπέζι. Πριν αποσυρθείτε τη νύχτα, τα πιάτα πρέπει να πλένονται και το πάτωμα της κουζίνας να σκουπίζεται. Φροντίστε να μην μένει κανένα φαγητό ξεσκέπαστο.

ॐ

Είναι μια καλή συνήθεια οι γονείς να προσφέρουν με τα χέρια τους λίγο φαγητό στα παιδιά τους στην αρχή κάθε γεύματος. Αυτό θα καλλιεργεί την αμοιβαία αγάπη και στοργή μέσα στην οικογένεια. Τον παλιό καιρό στην Ινδία, η σύζυγος έτρωγε τα περισσεύματα από το πιάτο του συζύγου της, θεωρώντας ότι είναι πρασάντ από το Θεό. Πού μπορεί να βρει κανείς μια τέτοια σχέση σήμερα; Όλοι οι άντρες θα ήθελαν να έχουν μια σύζυγο σαν την Σίτα, την αγνή και τέλεια σύζυγο του Κυρίου Ράμα, αλλά κανείς δεν αναρωτιέται αν ο ίδιος ζει όπως ο Ράμα, που ήταν η ενσάρκωση όλων των ευγενών αρετών.

ॐ

Αν έχετε κατοικίδια ζώα, ποτέ δεν πρέπει να τρώτε προτού τα ταΐσετε. Να αντιλαμβάνεστε τον Θεό σε κάθε έμβιο ον και να περιποιείστε τα ζώα με αυτήν την στάση.

ॐ

Όλοι στην οικογένεια πρέπει να συμμετέχουν στα οικιακά καθήκοντα. Αυτό θα ενδυναμώνει την αγάπη του ενός για τον άλλον. Οι άντρες δεν θα πρέπει να αποφεύγουν την εργασία στην κουζίνα, πιστεύοντας ότι αυτό είναι καθήκον των γυναικών. Τα μικρά παιδιά, επίσης, πρέπει να αναλαμβάνουν εργασίες που μπορούν να κάνουν.

Ένας απλός τρόπος ζωής

Να αναπτύσσετε την ανιδιοτέλεια και να ελαττώνετε τις προσωπικές σας ανέσεις όσο γίνεται. Προσπαθείτε να ζείτε απλή ζωή μειώνοντας τα προσωπικά σας αντικείμενα στο ελάχιστο. Ένας πνευματικός αναζητητής δεν πρέπει να κυνηγά την ευχαρίστηση των αισθήσεων.

ॐ

Με λίγη θέληση, όποιος σκοπεύει να χτίσει ή να αγοράσει ένα πολυτελές σπίτι, μπορεί να εξοικονομήσει πολλά από τα χρήματα που προορίζονται γι αυτό. Οι άνθρωποι συχνά ξοδεύουν για τέτοιους σκοπούς ό,τι έχουν εξοικονομήσει και καταλήγουν βουτηγμένοι στα χρέη. Είναι προτιμότερο να ζείτε σε ένα ταπεινό σπίτι, αποφεύγοντας επίσης και άλλες πολυτέλειες. Αν επιθυμείτε να χτίσετε ή να αγοράσετε ένα σπίτι που αξίζει μια περιουσία για μια οικογένεια μονάχα τεσσάρων ή πέντε ατόμων, θυμηθείτε ότι υπάρχουν αμέτρητες άστεγες, πάμφτωχες οικογένειες που περνούν τις νύχτες τους στο κρύο και στη βροχή.

ॐ

Είναι καλό να αποφεύγετε τα ρούχα με έντονα σχέδια και ζωηρά χρώματα, έτσι ώστε να μην προσελκύετε πολύ την προσοχή των άλλων. Όταν οι άλλοι μας προσέχουν, και η δική μας προσοχή διασπάται. Πρέπει να προσπαθούμε να ντυνόμαστε απλά και να καλλιεργούμε έναν απλό τρόπο ζωής. Οι γυναίκες πρέπει να παραιτηθούν από την επιθυμία τους για κοσμήματα. Τα καλά λόγια και οι καλές πράξεις είναι τα πραγματικά κοσμήματα στη ζωή.

ॐ

Μην πετάτε τα παλιά σας ρούχα. Καθαρίστε τα και δώστε τα σε εκείνους που δεν μπορούν να αγοράσουν ρουχισμό.

ॐ

Πάντοτε να ενεργείτε χωρίς να προσδοκάτε καρπούς από τη δράση σας. Η προσδοκία είναι η αιτία κάθε δυστυχίας. Αφιερώστε τη ζωή σας στο Θεό και έχετε πίστη ότι Εκείνος θα σας προστατέψει. Αν είστε οικογενειάρχες και το κάνετε αυτό με τη σωστή στάση ζωής, τότε θα μάθετε να παραδίνεστε ολοκληρωτικά στο Θεό. Χρειάζεται να συνειδητοποιήσουμε ότι ο σύζυγος ή η σύζυγος και τα παιδιά μας δεν μας ανήκουν, ούτε και εμείς τους ανήκουμε. Κατανοήστε, χωρίς καμιά αμφιβολία, ότι όλα ανήκουν μονάχα στο Θεό. Τότε, Εκείνος θα σας ανακουφίσει από όλα σας τα βάρη, θα σας πάρει από το χέρι και θα σας οδηγήσει στο στόχο.

৶৶ঌ

Διατροφή

Ούτε μια μπουκιά από την τροφή που τρώμε δεν προέρχεται από την δική μας προσπάθεια και μόνο. Ό,τι φτάνει ως εμάς με τη μορφή τροφής, οφείλεται στο μόχθο των αδελφών μας, στη γενναιοδωρία της γης και στη συμπόνια του Θεού. Ακόμα κι αν έχουμε εκατομμύρια δολάρια, συνεχίζουμε να χρειαζόμαστε τροφή για να ικανοποιήσουμε την πείνα μας. Σε τελική ανάλυση, τα χρήματα δεν τρώγονται. Γι αυτό, ποτέ δεν πρέπει να τρώμε κάτι, αν πρώτα δεν έχουμε προσευχηθεί με αίσθημα ταπεινότητας και ευγνωμοσύνης.

ॐ

Πάντοτε πρέπει να καθόμαστε όταν τρώμε. Δεν είναι καλό να στεκόμαστε ή να περπατάμε κατά τη διάρκεια των γευμάτων.

ॐ

Ενώ τρώτε, μην εστιάζετε την προσοχή σας μόνο στη γεύση του φαγητού. Να φαντάζεστε ότι η αγαπημένη σας Θεότητα ή ο πνευματικός σας Δάσκαλος είναι εντός σας και ότι τον τρέφετε. Αν ταΐζετε ένα παιδί, φανταστείτε ότι ταΐζετε την αγαπημένη σας Θεότητα. Αυτό θα μετατρέψει το φαγητό σε μια πράξη λατρείας. Μην μιλάτε όταν τρώτε. Η οικογένεια πρέπει να τρώει μαζί όσο πιο συχνά γίνεται. Βάλτε λίγο νερό στη δεξιά σας παλάμη και απαγγείλετε το μάντρα της τροφής[5] ή το δικό σας μάντρα. Μετά, κάντε έναν δεξιόστροφο κύκλο με το χέρι σας πάνω

---

[5]   Om Brahmarpanam Brahma havir
Brahmagnau Brahmana hutam
Brahmaiva tena gantavyam
Brahma karma samadhinah
Om shanti shanti shanti
Το Μπράχμαν είναι το αφιέρωμα. Το Μπράχμαν είναι η προσφορά. Όποιος βλέπει το Μπράχμαν σε όλες

από το φαγητό τρείς φορές και πιείτε το νερό. Κλείστε τα μάτια σας και προσευχηθείτε για λίγο: «Θεέ μου, ας μου δώσει αυτή η τροφή τη δύναμη να εκτελώ το θέλημά Σου και να Σε πραγματώσω.»

ॐ

Πάντοτε να επαναλαμβάνετε νοητικά το μάντρα σας όταν τρώτε. Αυτό θα εξαγνίζει την τροφή και συγχρόνως τον νου σας.

ॐ

Η νοητική κατάσταση του ατόμου που προετοιμάζει το φαγητό, μεταδίδεται και σε εκείνους που το καταναλώνουν. Επομένως, η μητέρα πρέπει να μαγειρεύει για όλη την οικογένεια όσο το δυνατόν πιο συχνά. Αν επαναλαμβάνει το μάντρα της ενώ

τις πράξεις, θα ενωθεί με το Μπράχμαν. Ομ, ειρήνη, ειρήνη, ειρήνη.

μαγειρεύει, η τροφή θα ωφελεί πνευματικά όλη την οικογένεια.

Να θεωρείτε ότι το φαγητό σας είναι η θεά Λάκσμι (η θεά της αφθονίας) και να το τρώτε με αφοσίωση και σεβασμό. Η τροφή είναι το Μπράχμαν (το Απόλυτο Ον). Ενώ τρώτε, ποτέ να μην κουβεντιάζετε για τα λάθη ή τα ελαττώματα κάποιου άλλου. Να θεωρείτε την τροφή που τρώτε ως πρασάντ (ευλογημένο δώρο) του Θεού.

ॐ

Δεν μπορείτε να ελέγξετε τον νου σας, αν δεν ελέγξετε πρώτα την επιθυμία της γεύσης. Να προτιμάτε το φαγητό που είναι υγιεινό, παρά αυτό που είναι πιο γευστικό. Αν δεν απαρνηθείτε τη γεύση της γλώσσας, δεν θα νιώσετε την ύψιστη γεύση της ανθισμένης καρδιάς.

ॐ

Όσοι κάνουν πνευματική άσκηση θα πρέπει να φροντίζουν να τρώνε μόνο απλή, φρέσκια, χορτοφαγική τροφή (σατβική τροφή). Είναι καλό να αποφεύγετε τις τροφές που είναι πολύ αλμυρές, γλυκές, καυτερές ή ξινές. Η φύση του νου καθορίζεται από τη λεπτή ουσία της τροφής που τρώμε. Η αγνή τροφή δημιουργεί αγνό νου.

ॐ

Το πρωινό σας πρέπει να είναι ελαφρύ. Είναι καλύτερα, αν μπορείτε, να μην τρώτε το πρωί. Να τρώτε όσο επιθυμείτε στο μεσημεριανό και μόνο ένα ελαφρύ γεύμα το βράδυ.

ॐ

Μην γεμίζετε το στομάχι σας εντελώς. Να αφήνετε ένα τέταρτο του στομαχιού άδειο. Αυτό θα βοηθά το σώμα σας να χωνεύει την τροφή κανονικά. Αν δυσχεραίνετε την αναπνοή σας τρώγοντας υπερβολικά, τότε καταπονείτε την καρδιά σας.

ॐ

Το παραπανίσιο φαγητό δεν βλάπτει μόνο την πνευματική σας άσκηση, αλλά και την υγεία σας. Εγκαταλείψτε τη συνήθεια να τρώτε από λίγο κάθε τόσο, όποτε αισθάνεστε την επιθυμία. Το να παίρνετε τα γεύματά σας σε τακτικές ώρες είναι καλό για την υγεία σας και για τον έλεγχο του νου. Τρώτε για να ζείτε, μην ζείτε για να τρώτε.

ॐ

Κατά τη διάρκεια του Σαββατοκύριακου, είναι καλό να κάνετε νηστεία μια μέρα ή να τρώτε μόνο ένα γεύμα, να κάνετε μάντρα τζάπα και να διαλογίζεστε στο σπίτι ή σε ένα άσραμ. Μπορείτε σταδιακά να περάσετε από το ένα γεύμα σε πλήρη νηστεία μια φορά την εβδομάδα. Αυτό θα βελτιώσει την πνευματική σας άσκηση και την υγεία σας. Αν είναι αδύνατο να νηστέψετε τελείως, τρώτε μόνο φρούτα εκείνη την ημέρα. Είναι επίσης καλό να νηστεύετε την ημέρα της πανσελήνου και της νέας σελήνης.

ॐ

Μην τρώτε την ώρα της δύσης του ήλιου. Δεν είναι καλή ώρα για να γεμίζετε το στομάχι σας. Στα αρχαία έπη αναφέρεται ότι ο Θεός Βίσνου σκότωσε τον δαίμονα Χιρανιακασίπου αυτήν την ώρα. Ο αέρας είναι πιο μολυσμένος τότε από κάθε άλλη ώρα, και γι᾽ αυτό είναι καλό να επαναλαμβάνετε το όνομα του Θεού και να γεμίζετε τον νου σας με θεία τροφή.

ॐ

Είναι καλό να παίρνετε καθαρτικό δυο φορές το μήνα, για να καθαρίζουν τα έντερά σας τελείως, ιδιαίτερα αν κάνετε πνευματική άσκηση. Η συγκέντρωση κοπράνων στο σώμα δυσχεραίνει την συγκέντρωσή και μολύνει τις σκέψεις σας.

ॐ

Η Άμμα δεν ζητά από όσους τρώνε κρέας και ψάρι να το σταματήσουν απότομα, αλλά είναι καλό για την πνευματική σας άσκηση να υιοθετήσετε σταδιακά μια καθαρά χορτοφαγική διατροφή. Είναι πολύ δύσκολο να απαλλαγείτε από μια συνήθεια αμέσως. Παρατηρείτε το νου σας και σιγά-σιγά φέρτε τον κάτω από τον έλεγχό σας.

ॐ

Όλοι ξέρουν ότι το κάπνισμα και το ποτό κάνουν κακό στην υγεία. Παρόλα αυτά, οι άνθρωποι που έχουν αυτές τις συνήθειες το βρίσκουν δύσκολο να τις αποβάλουν. Πώς είναι δυνατόν ένας άνθρωπος που δεν μπορεί να ελευθερώσει τον εαυτό του από

την αρπάγη του τσιγάρου, να ελπίζει ότι θα
επιτύχει την συνειδητοποίηση του Εαυτού;
Όσοι δεν μπορούν να εγκαταλείψουν το
κάπνισμα άμεσα, ας δοκιμάσουν να μασάνε
ένα υποκατάστατο, όπως κάρδαμο ή γλυκό-
ριζα ή ας πίνουν γουλιά-γουλιά λίγο νερό
όταν νιώθουν την ανάγκη να καπνίσουν. Αν
προσπαθήσετε ειλικρινά, θα μπορέσετε να
σταματήσετε το κάπνισμα ή οποιαδήποτε
άλλη κακή συνήθεια σε λίγο χρόνο.

🕉

Το τσάι ή ο καφές σας τονώνουν προσωρινά,
αλλά, αν γίνουν συνήθεια, μπορούν να βλά-
ψουν την υγεία σας. Γι αυτό, είναι καλύτερο
να τα αφήσετε και αυτά.

🕉

Παιδιά μου, αν έχετε την συνήθεια να πίνε-
τε αλκοόλ, πρέπει να πάρετε μια σταθερή
απόφαση να τη σταματήσετε. Το αλκοόλ

καταστρέφει την υγεία, εξασθενεί το νου, σας καταστρέφει οικονομικά και κλονίζει την ειρήνη της οικογένειάς σας. Μην πίνετε για να ευχαριστήσετε τους φίλους σας.

ॐ

Μην καταναλώνετε ναρκωτικές ουσίες κανενός είδους. Υπηρετήστε τον κόσμο, αντί να καταστρέφετε την υγεία σας με το κάπνισμα και το ποτό. Τα χρήματα που σπαταλιούνται σε αυτά τα πράγματα μπορούν να χρησιμοποιηθούν σε καλούς σκοπούς. Με τα χρήματα που ξοδεύετε για τσιγάρα μπορείτε, για παράδειγμα, να αγοράσετε ένα τεχνητό πόδι για έναν άπορο άνθρωπο που έχει χάσει το δικό του, να πληρώσετε μια εγχείρηση ματιού για κάποιον που έχει καταρράκτη ή να αγοράσετε ένα αναπηρικό καροτσάκι για κάποιον που είναι παράλυτος. Μπορείτε ακόμα να αγοράζετε πνευματικά βιβλία για την τοπική βιβλιοθήκη.

ॐ

Κάθε φορά που αφήνουμε τρόφιμα να χαλάσουν ή τα πετάμε μισοφαγωμένα, βλάπτουμε ολόκληρη την κοινωνία. Σκεφτείτε πόσοι άνθρωποι υποφέρουν, επειδή δεν μπορούν να εξασφαλίσουν ούτε ένα γεύμα την ημέρα. Μπορούμε άραγε να απολαμβάνουμε αμέριμνοι ένα πολυτελές γεύμα όταν ο γείτονάς μας πεινάει; Το να τρέφεις τους φτωχούς δεν είναι τίποτα λιγότερο από το να λατρεύεις τον ίδιο το Θεό.

Ο έγγαμος βίος

Οι σύζυγοι πρέπει να αγαπούν και να υπηρε-
τούν ο ένας τον άλλον, βλέποντας στο πρό-
σωπό του το Θεό. Έτσι θα είναι το ιδανικό
ζευγάρι και θα αποτελούν ένα παράδειγμα
προς μίμηση για τα παιδιά τους και τους
άλλους.

ॐ

Οι σύζυγοι πρέπει να προσεύχονται μαζί, να
διαλογίζονται, να κάνουν μάντρα τζάπα και
να διαβάζουν πνευματικά βιβλία. Πρέπει να
υπηρετούν τον κόσμο με ανιδιοτέλεια και
να μετατρέψουν το σπίτι τους σε άσραμ.
Έτσι, προοδεύοντας μαζί στην πνευματική
άσκηση, θα φτάσουν οπωσδήποτε στην
απελευθέρωση.

ॐ

Οι σύζυγοι δεν πρέπει να εμποδίζουν ο ένας τον άλλο στον πνευματικό τους δρόμο. Ποτέ μην εγκαταλείπετε την πνευματική σας αναζήτηση, ακόμα κι αν ο σύζυγος ή η σύζυγός σας δεν το εγκρίνει. Ταυτόχρονα, όμως, είναι λάθος να αμελείτε τα καθήκοντά σας στο όνομα της πνευματικής άσκησης. Η Άμμα έχει δει πολλούς ανθρώπους να το κάνουν και αυτό ποτέ δεν είναι σωστό. Όταν πρέπει να εκτελέσετε μια εργασία, να την κάνετε έχοντας στο νου σας το Θεό. Αν διαλογίζεστε την ώρα που πρέπει να κάνετε κάποια εργασία, δεν θα προοδεύσετε. Αποφύγετε να προκαλείτε πόνο στον σύντροφό σας, ακόμα κι αν είναι αντίθετος με την πνευματική σας άσκηση. Σε αυτήν την περίπτωση, ενώ εκτελείτε τα καθήκοντά σας προς την οικογένεια σας, να προσεύχεστε στο Θεό να αλλάξει την καρδιά του αγαπημένου σας προσώπου.

ॐ

Το ζευγάρι πρέπει να απέχει από την σεξουα-
λική δραστηριότητα τουλάχιστον δυο ή τρεις
μέρες την εβδομάδα. Σταδιακά, προσπαθή-
στε να παραμένετε εγκρατείς περισσότερες
μέρες. Να αποφεύγετε τις σεξουαλικές
επαφές την ημέρα της πανσελήνου, της νέας
σελήνης και όταν η γυναίκα έχει περίοδο.
Αφού αποκτήσετε παιδιά, καλλιεργείστε την
δύναμη της θέλησης να ζείτε ως αδελφός
και αδελφή. Αυτό είναι απαραίτητο για να
ωφεληθείτε πλήρως από την πνευματική σας
άσκηση και να προοδεύσετε στο πνευματικό
μονοπάτι.

ॐ

Κάθε φορά που έχετε μια σεξουαλική συ-
νεύρεση, πρέπει να αναρωτιέστε: «Ω, νου,
από πού προέρχεται αυτή η απόλαυση; Δεν
στραγγίζει όλη μου την ενέργεια;» Η ευ-
χαρίστηση που κερδίζετε με οποιονδήποτε
άλλον τρόπο εκτός από τον έλεγχο του νου

εξασθενεί το σώμα. Η σχέση ανάμεσα στον άνδρα και στη γυναίκα πρέπει να εξελιχθεί σε αγνή αγάπη της καρδιάς, ανέγγιχτη από την επιθυμία. Προσπαθήστε να προοδεύσετε στο μονοπάτι της αρετής, κρατώντας το νου σας προσηλωμένο μόνο στο Υπέρτατο Ον.

ॐ

Είναι αρκετό να αποκτήσετε ένα ή δύο παιδιά. Όταν έχετε λίγα παιδιά, μπορείτε να τα μεγαλώσετε καλύτερα, με περισσότερη φροντίδα. Οι μητέρες πρέπει να θηλάζουν τα μωρά τους. Να επαναλαμβάνετε νοητικά το όνομα του Θεού όταν φροντίζετε το μωρό και να προσεύχεστε: «Θεέ μου, ανέθρεψε αυτό το παιδί έτσι ώστε να υπηρετήσει τον κόσμο. Είναι δικό σου. Προίκισέ το με αρετές». Έτσι το παιδί θα γίνει έξυπνο και επιτυχημένο στη ζωή.

ॐ

111

Ένας παντρεμένος άνδρας δεν πρέπει να έχει σχέσεις με άλλες γυναίκες, αλλά και ούτε μια παντρεμένη γυναίκα να σχετίζεται με άλλους άνδρες.

ॐ

Όταν υπάρχει κάποια διαφωνία στην οικογένεια, να είστε έτοιμοι να συζητήσετε το θέμα και να λύνετε το πρόβλημα την ίδια μέρα αντί να το αναβάλλετε. Όλοι μπορούν να ανταποδώσουν αγάπη στην αγάπη· δεν υπάρχει τίποτα σπουδαίο σε αυτό. Να προσπαθείτε, επίσης, να απαντάτε με αγάπη στο μίσος. Μόνο αυτό είναι το μέτρο της πραγματικής μεγαλοσύνης μας. Μόνο αν μπορούμε να συγχωρούμε τους άλλους και να δεχόμαστε τα λάθη και τα ελαττώματά τους, θα επικρατεί ειρήνη στην οικογένεια. Για να σχηματιστεί σωστά ο χαρακτήρας του παιδιού είναι απαραίτητο οι γονείς να ζουν υποδειγματική ζωή. Αν οι γονείς δεν δίνουν το καλό παράδειγμα στα παιδιά τους, πώς αυτά θα μεγαλώσουν σωστά;

ॐ

Τα παιδιά που συλλαμβάνονται την ώρα της δύσης του ήλιου μπορεί να γίνουν διανοητικά καθυστερημένα. Οι εγκόσμιες σκέψεις είναι στο αποκορύφωμα τους εκείνη την ώρα, γι αυτό είναι απολύτως αναγκαίο να προσεύχεστε, να κάνετε άρτσανα, μάντρα τζάπα ή να διαλογίζεστε το δειλινό.

ॐ

Από τον τέταρτο μήνα της εγκυμοσύνης και μετά, η γυναίκα και ο σύζυγός της πρέπει να τηρούν αυστηρή εγκράτεια. Να αποφεύγετε συζητήσεις, ταινίες ή περιοδικά που δημιουργούν εγκόσμια πάθη και επιθυμίες. Να διαβάζετε πνευματικά βιβλία, να διαλογίζεστε και να επαναλαμβάνετε το μάντρα σας κάθε μέρα. Τα κύματα των σκέψεων και των συναισθημάτων της εγκύου έχουν βαθιά επίδραση στον χαρακτήρα του παιδιού που φέρει στη μήτρα της.

❧

Η ανατροφή των παιδιών

Μέχρι την ηλικία των πέντε χρόνων, πρέπει να δίνουμε πολύ μεγάλη αγάπη στα παιδιά. Από την ηλικία των πέντε μέχρι τα δεκαπέντε τους χρόνια, τα παιδιά πρέπει να ανατρέφονται με αυστηρή πειθαρχία, ειδικά σε ό,τι έχει σχέση με τις σπουδές τους. Σε αυτήν την περίοδο μπαίνουν τα θεμέλια για όλη τους τη ζωή. Αγάπη χωρίς πειθαρχία θα τα κάνει κακομαθημένα. Μετά την ηλικία των δεκαπέντε πρέπει να τους δίνετε όσο το δυνατόν περισσότερη αγάπη, αλλιώς μπορεί να παραστρατήσουν.

ॐ

Πολλοί έφηβοι έχουν πει στην Άμμα ότι παραστράτησαν επειδή δεν έβρισκαν αγάπη στα σπίτια τους. Κατά τη διάρκεια της εφηβείας, όταν τα παιδιά διψούν για αγάπη, πολλοί γονείς τα μαλώνουν ή να τα τιμωρούν αυστηρά για να τα πειθαρχήσουν. Όχι μόνο δεν δείχνουν στα παιδιά αγάπη και στοργή, αλλά δεν τα αφήνουν καν να τους πλησιά-σουν.

Αν οι γονείς είναι υπερβολικά στοργικοί και επιεικείς με τα παιδιά τους, κατά τη διάρκεια της ηλικίας που αυτά πρέπει να μάθουν να πειθαρχούν, τα παιδιά θα γίνουν κακομαθημένα και αδιάφορα για τις σπουδές τους. Όταν όμως μεγαλώσουν, οι γονείς δεν πρέπει να τους κάνουν σοβαρές επιπλήξεις, αλλά να τους υποδεικνύουν τα λάθη τους και να προσπαθούν να τα διορθώνουν με επιχειρήματα και λογική.

ॐ

Οι γονείς πρέπει να αρχίζουν να διδάσκουν την πνευματικότητα στα παιδιά τους από μικρή ηλικία. Ακόμη κι αν τα παιδιά απο-κτήσουν κακές συνήθειες όταν μεγαλώσουν, οι θετικές καταγραφές που δέχτηκαν στα παιδικά τους χρόνια θα παραμείνουν στο υποσυνείδητό τους και κάποια στιγμή θα τα φέρουν πίσω στο σωστό δρόμο.

ॐ

Να μην κακομεταχειρίζεστε κανέναν και να μην μιλάτε άσχημα για κανέναν μπροστά στα παιδιά, γιατί αυτά θα σας μιμηθούν. Ο πλούτος μπορεί να έρθει σήμερα και να φύγει αύριο, αλλά ο καλός χαρακτήρας θα διαρκέσει μια ζωή. Όσοι είναι πλούσιοι ας φροντίζουν, επομένως, ώστε τα παιδιά τους μεγαλώνοντας να γίνονται ταπεινά και αυτάρκη.

ॐ

Τα παιδιά πρέπει να μαθαίνουν να είναι ταπεινά απέναντι στους δασκάλους τους στο σχολείο και προς όλους τους πνευματικούς Δασκάλους. Η μάθηση, ιδιαίτερα όταν είναι πνευματικής φύσεως, αποδίδει καρπούς

μόνο αν φυτευτεί στο χώμα της ταπεινό-
τητας. Κάποιοι πιστεύουν ότι το παιδί που
πηγαίνει στο σχολείο δεν χρειάζεται να κάνει
καμία άλλη εργασία. Αυτό, όμως, δεν είναι
σωστό. Η σχολική εκπαίδευση από μόνη
της είναι ανεπαρκής προετοιμασία για τη
ζωή. Το παιδί πρέπει, επίσης, να μαθαίνει να
βοηθά τους γονείς του σε όλες τις εργασίες
στο σπίτι.

ॐ

Σε παλιότερες εποχές τα παιδιά έδειχναν
αγάπη και σεβασμό στους γονείς τους και
στους ηλικιωμένους[6]. Αυτή η παράδοση

---

[6] Στην Ινδία υπάρχει το έθιμο τα παιδιά να αγγίζουν
τα πόδια των γονιών, των ηλικιωμένων, των μοναχών
και του Γκούρου (πνευματικού Δασκάλου) με τα
δύο τους χέρια σε ένδειξη σεβασμού. Παλιότερα, τα
παιδιά σε όλες τις οικογένειες ακολουθούσαν αυτό
το έθιμο και ήταν το πρώτο πράγμα που έκαναν όταν
ξυπνούσαν το πρωί ή πριν φύγουν για το σχολείο.

έχει, σε μεγάλο βαθμό, χαθεί. Οι γονείς πρέ-
πει να δίνουν το παράδειγμα, δείχνοντας οι
ίδιοι αγάπη και σεβασμό στους δικούς τους
γονείς. Πώς περιμένουμε ένα παιδί να δεί-
χνει σεβασμό στους γονείς του, αν εκείνοι
παραμελούν τους δικούς τους γονείς και δεν
τους σέβονται; Οι γονείς πρέπει πάντα να
αποτελούν το πρότυπο για να τους μιμούνται
τα παιδιά τους.

ॐ

Προτού φύγετε από το σπίτι, να υποβάλλετε
τα σέβη σας στους μεγαλύτερους. Τα παιδιά
πρέπει να συνηθίσουν να αποχαιρετούν τους
γονείς τους πριν πάνε στο σχολείο το πρωί. Η
σεμνότητα και η ταπεινότητα προσελκύουν
την χάρη του Θεού επάνω μας.

ॐ

Η νοητική ωριμότητα του παιδιού εξαρτά-
ται από την εκπαίδευση που του δίνουν οι

ενήλικοι γύρω του. Οι γονείς και όλοι οι άλ-
λοι ενήλικες στο σπίτι πρέπει να παρακολου-
θούν προσεκτικά τις σπουδές του παιδιού.
Όσοι είναι μορφωμένοι, να βοηθούν το παιδί
στα μαθήματά του, κατά το δυνατόν. Μην
αφήνετε όλη την ευθύνη στους δασκάλους.
Αν το παιδί σας έχει συμμαθητές που ζουν
στη γειτονιά σας, καλέστε τους στο σπίτι
σας και βοηθήστε όλα τα παιδιά μαζί στα
μαθήματά τους. Αυτό θα πρέπει να κάνουν
οι καλοί γείτονες. Ποτέ να μην νιώθετε ικα-
νοποίηση με την αποτυχία του παιδιού ενός
γείτονα και να μην επιθυμείτε να παίρνουν
μονάχα τα δικά σας παιδιά καλούς βαθμούς.

ॐ

Τα παιδιά πρέπει να σέβονται τους μεγα-
λύτερους. Πρέπει να σηκώνονται όταν οι
μεγαλύτεροι μπαίνουν στο δωμάτιο και να
κάθονται μόνο αφού εκείνοι έχουν καθίσει.
Να απαντούν στους μεγάλους με ευγένεια

και να υπακούουν στις υποδείξεις τους. Σε καμία περίπτωση δεν επιτρέπεται να τους ειρωνεύονται, να υψώνουν τη φωνή τους, ή να τους αντιμιλούν. Αυτά όλα είναι απαραίτητα για την ευτυχία της οικογένειας. Αντίστοιχα, όταν ένα μικρό παιδί ζητά άδεια να βγει έξω, οι μεγάλοι πρέπει να του την δίνουν μαζί με ένα τρυφερό φιλί. Το παιδί πρέπει να νιώθει ότι το αγαπούν. Η αγάπη προς το παιδί δεν πρέπει να είναι σαν το μέλι που βρίσκεται βαθιά κρυμμένο μέσα σε μια πέτρα.

ॐ

Οι γονείς που τραγουδούν νανουρίσματα και λένε ιστορίες στα παιδιά τους όταν τα βάζουν για ύπνο, πρέπει να χρησιμοποιούν ύμνους και πνευματικές ιστορίες γι' αυτό τον σκοπό. Αυτό θα βοηθήσει τα παιδιά να εστιάζουν το νου τους στο Θεό και θα εντυπώσει βαθιά στο υποσυνείδητό τους την πνευματική καλλιέργεια. Επιπλέον, οι γονείς θα πρέπει να διαλέγουν προσεκτικά τα βιβλία που διαβάζουν τα παιδιά τους.

ॐ

Τα παιδιά πρέπει να μεγαλώνουν με εκτίμηση για τον πολιτισμό τους και να είναι υπερήφανα γι αυτόν. Θα πρέπει να τους δίνονται ονόματα από την παράδοσή τους, που να θυμίζουν το Θεό και τους πνευματικούς Δασκάλους. Εμποτίστε το νου των παιδιών με θεϊκές εντυπώσεις από μικρή ηλικία, λέγοντάς τους ιστορίες για τις θεϊκές ενσαρκώσεις και τους αγίους. Κάποτε, στην Ινδία όλοι μάθαιναν Σανσκριτικά, την γλώσσα των γραφών, από πολύ μικρή ηλικία. Αυτό βοηθούσε τους ανθρώπους να δέχονται τους σπόρους της πνευματικότητας από πολύ νωρίς στη ζωή τους. Ακόμα και εκείνοι που δεν μάθαιναν τις γραφές άμεσα, ζούσαν σύμφωνα με τις πνευματικές αρχές, γιατί συναναστρέφονταν ανθρώπους που τις είχαν διδαχτεί.

❧⚜❧

Βαναπράστα

Απόσυρση από τα εγκόσμια

Όταν τα παιδιά μεγαλώσουν και μπορούν να φροντίζουν τον εαυτό τους, οι γονείς πρέπει να πάνε σε κάποιο άσραμ και να ζήσουν εργαζόμενοι για την πνευματική τους πρόοδο, κάνοντας διαλογισμό, μάντρα τζάπα και ανιδιοτελή υπηρεσία. Για να είναι δυνατή αυτή η μετάβαση, είναι σημαντικό να έχουμε αναπτύξει δυνατή σύνδεση με το Θεό και μόνο με το Θεό, από την αρχή της πνευματικής μας ζωής. Χωρίς αυτόν τον πνευματικό δεσμό, ο νους μας θα προσκολλάται στα δεσμά του, πρώτα από όλα στα παιδιά μας, στα εγγόνια μας και ούτω καθεξής. Αυτή η προσκόλληση είναι άχρηστη και σε εμάς και στα παιδιά μας. Αν την αφήσουμε να μας κυριεύσει, θα σπαταλήσουμε τη ζωή μας. Αντίθετα, αν ακολουθήσουμε το πνευματικό μονοπάτι, η πνευματική δύναμη που θα κερδίσουμε θα βοηθήσει και εμάς και τον κόσμο. Γι αυτό, καλλιεργείστε τη συνήθεια να αποσύρετε το νου από τα αμέτρητα πράγματα του κόσμου και να τον στρέφετε προς το Θεό. Αν αδειά- ζουμε ξανά και ξανά το ίδιο λάδι σε διαφορε- τικά δοχεία, θα χάνουμε κάθε φορά λίγο από αυτό. Κατά τον ίδιο τρόπο, αφήνοντας τον νου να προσκολλάται σε πολλά πράγματα, χάνουμε και την λίγη πνευματική δύναμη που μπορεί να έχουμε. Αν συγκεντρώσουμε νερό σε μια δεξαμενή, αυτό μπορεί να φτάσει εξίσου σε όλες τις κάνουλες. Παρομοίως, αν έχουμε συνεχώς προσηλωμένο το νου μας στο Θεό, ενώ κάνουμε διάφορες εργασίες, το όφελος θα απλωθεί σε ολόκληρη την οικογένεια. Ο ύψιστος σκοπός στη ζωή δεν πρέπει να είναι η συσσώρευση πλούτου για εμάς και τα παιδιά μας, αλλά η πρόοδος στο πνευματικό μονοπάτι.

❦

Διάφορα

Ακόμη κι αν χάσετε ένα εκατομμύριο δολά-
ρια, μπορεί να τα αποκτήσετε ξανά. Αλλά αν
σπαταλήσετε ένα λεπτό από την ζωή σας, δεν
θα μπορέσετε ποτέ να το πάρετε πίσω. Κάθε
λεπτό που περνά χωρίς την ενθύμηση του
Θεού είναι ανεπανόρθωτα χαμένο.

ॐ

Η ψυχή είναι Θεός. Πραγματική πνευματική
άσκηση είναι να εκτελείτε κάθε πράξη με
αδιάλειπτη επίγνωση του Θεού.

ॐ

Ο διαλογισμός και η επανάληψη του μά-
ντρα δεν είναι οι μόνες μορφές πνευματικής
άσκησης. Η ανιδιοτελής υπηρεσία είναι
επίσης πνευματική άσκηση και είναι η ευ-
κολότερη οδός για να εκδηλωθεί ο Ανώτερος
Εαυτός. Όταν αγοράζετε λουλούδια για να

τα προσφέρετε σε έναν φίλο, εσείς πρώτοι απολαμβάνετε την ομορφιά και το άρωμά τους. Κατά τον ίδιο τρόπο, προσφέροντας ανιδιοτελή υπηρεσία στους άλλους, οι καρδιές μας ανοίγουν και πρώτοι εμείς αισθανόμαστε ευτυχισμένοι.

ॐ

Αν ασκείστε στην πραναγιάμα χωρίς να εφαρμόζετε αυστηρή εγκράτεια, αυτό μπορεί να οδηγήσει σε επιπλοκές. Η πρακτική αυτή πρέπει να γίνεται μόνο κάτω από την επίβλεψη ενός αληθινού Δασκάλου.

ॐ

Μην κοιτάτε τα λάθη και τις αποτυχίες των άλλων και μην συζητάτε για τέτοια θέματα. Πάντα να προσπαθείτε να βλέπετε μόνο το καλό σε όλους. Αν τραυματιστεί το χέρι σας, δεν το κατηγορείτε γι' αυτό αλλά βάζετε φάρμακο στο τραύμα και το φροντίζετε με μεγάλη προσοχή. Πρέπει να υπηρετούμε τους άλλους με το ίδιο ενδιαφέρον, χωρίς να τους κατηγορούμε για τα λάθη τους.

ॐ

Αν πατήσετε ένα αγκάθι και τρυπήσετε το πόδι σας, όσο κι αν κλάψετε δεν θα απαλλαγείτε ούτε από το αγκάθι ούτε από τον πόνο. Είναι ανάγκη να βγάλετε το αγκάθι και να βάλετε φάρμακο στην πληγή. Κατά τον ίδιο τρόπο, είναι ανώφελο να κλαίτε για τα απατηλά πράγματα του κόσμου που σας προκαλούν πόνο. Αντίθετα, αν κλαίτε για τον Θεό, αυτό θα εξαγνίσει το νου σας και θα σας δώσει δύναμη να υπερνικήσετε όλα τα εμπόδια. Γι αυτό, αγαπημένα μου παιδιά, παραδώστε τα όλα στο Θεό και να είστε δυνατοί. Να έχετε θάρρος!

ॐ

Το να κλαίτε για τον Θεό δεν είναι αδυναμία. Τα δάκρυα αυτά ξεπλένουν όλες τις αδυναμίες που οι κακές συνήθειες συσσώρευσαν κατά την διάρκεια πολλών ζωών. Όπως ένα κερί φέγγει πιο λαμπερά καθώς λιώνει, έτσι και τα δάκρυά σας για το Θεό θα επιταχύνουν την πνευματική σας ανάπτυξη. Από την άλλη πλευρά, όταν κλαίτε για εγκόσμια πράγματα ή για οικογενειακά ζητήματα, η δύναμή σας στραγγίζει και γίνεστε αδύναμοι.

ॐ

Με όποια δραστηριότητα κι αν ασχολείστε, καταλάβετε ότι μόνο με την δύναμη του Θεού μπορείτε να την φέρετε σε πέρας. Συχνά βλέπουμε σήματα κυκλοφορίας βαμμένα με χρώματα που φωσφορίζουν. Καθώς το φως πέφτει πάνω στο χρώμα, αυτό αντικατοπτρίζεται και η πινακίδα λάμπει. Κατά τον ίδιο τρόπο, μόνο με την δύναμη του Θεού μπορούμε να λειτουργήσουμε. Απλά, είμαστε εργαλεία στα χέρια του Θεού.

ॐ

Για να μετρήσετε όλους τους κόκκους που βρίσκονται μέσα σε μια χούφτα άμμο ή για να περάσετε πάνω από ένα ποτάμι βαδίζοντας πάνω σε ένα τεντωμένο σκοινί, χρειάζεται μεγάλη συγκέντρωση και εγρήγορση. Την ίδια συγκέντρωση και εγρήγορση πρέπει να έχετε σε ό,τι κάνετε.

ॐ

Η αχίμσα (μη βία, ανεξικακία) πρέπει να είναι ο όρκος της ζωής μας. Για να εφαρμόσουμε τη μη βία πρέπει να προσπαθούμε να μην πληγώνουμε κανένα ον, με σκέψεις, λόγια ή πράξεις.

ॐ

Μόνο ανοίγοντας την καρδιά μας μπορούμε να βρούμε τον μακάριο κόσμο του Θεού, μέσα σε αυτόν τον κόσμο που είναι γεμάτος πόνο. Χωρίς το πνεύμα της συγχώρεσης και της ταπεινότητας δεν μπορούμε να γνωρίσουμε το Θεό, ούτε να κερδίσουμε την χάρη του πνευματικού Δασκάλου. Χρειάζεται θάρρος για να συγχωρούμε, ιδιαίτερα σε καταστάσεις που είμαστε στα πρόθυρα της έκρηξης. Όταν πατάμε το κουμπί μιας ομπρέλας, αυτή ξεδιπλώνεται και μας προστατεύει από την βροχή και τον ήλιο. Αλλά αν το κουμπί αρνηθεί να λειτουργήσει, δεν συμβαίνει τίποτα. Όταν ο σπόρος μπαίνει κάτω από την γη, φυτρώνει και γίνεται δέντρο και σε αυτό το δέντρο μπορούμε να δέσουμε ακόμα και έναν ελέφαντα. Αν ο σπόρος, όμως, αρνηθεί να βγει από την αποθήκη και να μπει κάτω από τη γη, μπορεί να καταλήξει να γίνει τροφή για τα ποντίκια.

ॐ

Παιδιά μου, αν πραγματικά αγαπάτε την Άμμα, θα την βλέπετε σε όλους και σε όλα και θα τα αγαπάτε, όπως αγαπάτε εκείνην.

ॐ

Η πραγμάτωση του Θεού και η Αυτοπραγμάτωση είναι το ίδιο πράγμα. Για να πραγματώσετε το Θεό πρέπει να έχετε μια καρδιά τόσο μεγάλη, που να αγαπάει όλους και όλα εξίσου.

Γλωσσάρι

Άρτσανα: Μια μορφή λατρευτικής τελετής, κατά την οποία απαγγέλλονται τα ονόματα μιας Θεότητας, συνήθως 108, 300 ή 1.000 φορές χωρίς διακοπή.

Άσραμ: Ένα μέρος όπου οι πνευματικοί αναζητητές μένουν μόνιμα ή περιστασιακά για να αφιερωθούν στην πνευματική άσκηση. Είναι συνήθως η κατοικία ενός πνευματικού Δασκάλου, αγίου ή ασκητή, ο οποίος καθοδηγεί τους αναζητητές.

Αχίμσα: «Μη βία, ανεξικακία». Η αποχή από κάθε ενέργεια που μπορεί να πληγώσει οποιοδήποτε ον, με σκέψη λόγο ή πράξη.

Βαναπράστα: Το τελικό στάδιο της ζωής του ανθρώπου. Στην αρχαία ινδική παράδοση υπάρχουν τέσσερα στάδια στη ζωή. Αρχικά, το παιδί στέλνεται σε ένα γκουρούκουλα, όπου ζει ως μπραχματσάρι (άγαμος, μοναχός). Μετά, παντρεύεται και ζει ως οικογενειάρχης, αφιερωμένος στην πνευματική ζωή (γκριχαστασράμι). Όταν τα παιδιά του ζεύγους είναι αρκετά μεγάλα για να φροντίσουν τον εαυτό τους, οι γονείς αποσύρονται σε ένα ερημητήριο ή σε ένα άσραμ, όπου αφοσιώνονται αποκλειστικά στην πνευματική άσκηση. Στο τέταρτο στάδιο της ζωής, απαρνούνται πλήρως τον κόσμο και ζουν ως σαννυάσιν.

Βασάνα: Οι λανθάνουσες τάσεις, οι κρυμμένες μέσα στο νου επιθυμίες που τείνουν να εκδηλώνονται στις πράξεις και στις συνήθειές μας. Τα βασάνα είναι τα αποτελέσματα συσσωρευμένων εντυπώσεων ή εμπειριών (σαμσκάρα) που υπάρχουν στο υποσυνείδητο.

Γκούρου: Εκείνος που διώχνει το σκοτάδι της άγνοιας. Πνευματικός Δάσκαλος, οδηγός.

Γκουρούκουλα: Ένα άσραμ με έναν εν ζωή γκούρου, όπου οι μαθητές ζουν και μελετούν μαζί του.

Κάλι Γιούγκα: Η παρούσα εποχή του υλισμού και της άγνοιας.

Κάρμα: Δράση, πράξη.

Κίρταν: Ύμνος, λατρευτικό τραγούδι.

Λαλίτα Σαχασρανάμα: Τα 1.000 ονόματα της Συμπαντικής Μητέρας στη μορφή της Λαλιτάμπικα. Το Σαχασρανάμα δημιουργήθηκε χιλιάδες χρόνια πριν από την εποχή των Ρίσι (σοφών της αρχαιότητας).

Λαλιτάμπικα: Ένα από τα ονόματα της Θεϊκής Μητέρας.

Μάλα: Κομποσκοίνι, συνήθως φτιαγμένο από σπόρους του δέντρου ρουντράκσα, από ξύλο τουλάσι ή από σανταλόξυλο.

Μάντρα τζάπα: Η επανάληψη ενός μάντρα, μιας προσευχής ή ενός θεϊκού ονόματος.

Μάντρα: Ιερή φράση ή προσευχή που επαναλαμβάνεται συνεχώς. Η επανάληψη αυτή ξυπνά τις εσωτερικές πνευματικές μας δυνάμεις που βρίσκονται σε λανθάνουσα μορφή και μας βοηθά να επιτύχουμε τον στόχο μας. Είναι εξαιρετικά αποτελεσματικό όταν δίνεται από έναν αληθινό πνευματικό Δάσκαλο, κατά την διάρκεια μιας μύησης.

Μόναμ: Τήρηση σιωπής.

Μαχαμπαράτα: Έπος που εξιστορεί τη σύγκρουση ανάμεσα σε δυο συγγενικές οικογένειες, τους Παντάβα και τους Καουράβα. Η Μαχαμπαράτα, η οποία είναι το μεγαλύτερο έπος στον κόσμο, γράφτηκε περίπου 5.000 χρόνια πριν από τον σοφό Βυάσα. Γίνεται καλύτερα κατανοητή ως η συμβολική ιστορία της μάχης ανάμεσα στο καλό και στο κακό.

Μαχάτμα: «Μεγάλη ψυχή».

Μπαγκαβάτ Γκιτά: «Το τραγούδι του Κυρίου». Μπαγκαβάτ = του Κυρίου, Γκιτά = τραγούδι, κυρίως με συμβουλευτικό χαρακτήρα. Οι οδηγίες που έδωσε ο Κρίσνα στον Αρτζούνα στο πεδίο της μάχης Κουρουκσέτρα, πριν αρχίσει ο πόλεμος της Μαχαμπαράτα. Είναι ένας πρακτικός οδηγός για την καθημερινή ζωή και περιέχει την ουσία της Βεδικής σοφίας.

Μπάτζαν: Λατρευτικό τραγούδι, ύμνος.

Μπράχμαν: Η Απόλυτη Πραγματικότητα, το Όλον, το Υπέρτατο Ον, που περικλείει και διαπερνά τα πάντα και είναι Ένα και αδιαίρετο.

Ντάρμα: «Αυτό που στηρίζει το σύμπαν». Η λέξη έχει πολλές σημασίες, όπως ο θείος νόμος, ο νόμος της ύπαρξης, η θεϊκή αρμονία, η ορθότητα, η θρησκεία, το καθήκον, η υπευθυνότητα, η αρετή, η δικαιοσύνη, η καλοσύνη και η αλήθεια. Το ντάρμα εκφράζει τις εσωτερικές αρχές της θρησκείας. Το ύψιστο ντάρμα ενός ανθρώπινου όντος είναι να συνειδητοποιήσει την θεϊκότητά του.

Ότζας: Σεξουαλική ενέργεια μετουσιωμένη σε λεπτοφυή πνευματική ενέργεια μέσω πνευματικής άσκησης.

Πραναγιάμα: Έλεγχος του νου μέσα από τον έλεγχο της αναπνοής.

Πρασάντ: Καθαγιασμένες προσφορές που μοιράζονται μετά την λατρεία. Επίσης, ο,τιδήποτε δίνει ένας μαχάτμα, σαν ευλογία, θεωρείται πρασάντ.

Ραμαγιάνα: «Η ζωή του Ράμα». Ένα από τα μεγαλύτερα επικά ποιήματα της Ινδίας, γραμμένο από τον Βαλμίκι. Περιγράφει την ζωή του Σρι Ράμα, ο οποίος ήταν ενσάρκωση του Θεού Βίσνου. Στο μεγαλύτερο μέρος του ποιήματος περιγράφεται πώς ο Ράβανα, ο δαιμονικός βασιλιάς, άρπαξε την Σίτα, την σύζυγο του Ράμα και την πήγε στη Σρι Λάνκα και πώς αυτή διασώθηκε από τον Ράμα και τους πιστούς του.

Σαμσάρα: Ο κόσμος της πολλαπλότητας, ο κύκλος της γέννησης, του θανάτου και της επαναγέννησης.

Σαννυάσιν ή σαννυασίνι: Μοναχός ή μοναχή που έχει πάρει όρκους απάρνησης των εγκοσμίων. Οι σαννυάσιν παραδοσιακά φορούν πορτοκαλιά ράσα, που συμβολίζουν την εξάλειψη όλων των προσκολλήσεων.

Σάτβα: Καλοσύνη, αγνότητα, γαλήνη. Μία από τις τρεις γκούνας ή θεμελιώδεις ιδιότητες της Φύσης.

Σάτγκουρου: Ένας φωτισμένος πνευματικός Δάσκαλος.

Σάτσανγκ: Σατ = αλήθεια, ον. Σάνγκα = συναναστροφή. Σάτσανγκ σημαίνει συναναστροφή με σοφούς και ενάρετους ανθρώπους. Ο όρος αναφέρεται επίσης σε πνευματικές ομιλίες από σοφούς και πνευματικούς Δασκάλους.

Σουρυαναμασκάρ: «Χαιρετισμός στον ήλιο». Ασκήσεις γιόγκα που συνδυάζουν άσανα (στάσεις του σώματος) και πραναγιάμα (αναπνοές).

Σράντα: Στα σανσκριτικά σράντα σημαίνει πίστη ριζωμένη στην σοφία και στην εμπειρία, ενώ στα μαλαγιάλαμ (τη μητρική γλώσσα της Άμμα) σημαίνει αφοσίωση στην εργασία μας και επίγνωση σε κάθε πράξη. Η Άμμα συχνά χρησιμοποιεί τον όρο με την δεύτερη σημασία.

Τζάπα: Βλέπε μάντρα τζάπα.

Τουλάσι: Ιερό φυτό, συγγενές με τον βασιλικό.

www.ingramcontent.com/pod-product-compliance
Lightning Source LLC
Chambersburg PA
CBHW060209070426
42447CB00035B/2868